Sylvain Boisjoly

# Ma dépression

## tremplin vers la maturité

Éditions Dédicaces

MA DÉPRESSION, TREMPLIN VERS LA MATURITÉ
par SYLVAIN BOISJOLY

ÉDITIONS DÉDICACES INC.
675, rue Frédéric Chopin
Montréal (Québec) H1L 6S9
Canada

www.dedicaces.ca | www.dedicaces.info
Courriel : info@dedicaces.ca

Sylvain Boisjoly

# Ma dépression

tremplin vers la maturité

# Préface

Quel jour sommes-nous? Que suis-je venu chercher ici? Ai-je pris mes pilules? Qu'est-ce que j'allais dire? Qu'est-ce que je devais faire aujourd'hui? Voilà une foule de questions que tous les humains normaux se posent un jour ou l'autre dans leur vie. Soit parce que nous sommes distraits, soit parce que nous pensons ou faisons plus d'une chose à la fois. Pour le commun des mortels, ces petits oublis sont normaux et ne se produisent qu'une fois de temps à autre. C'est vrai. Qui ne s'est jamais posé ces questions au cours d'une journée? Personne. Il nous arrive à tous de nous les poser et cela n'est pas si grave que ça.

Pour moi par contre, ces questions reviennent jour après jour. Elles font, hélas, partie de mon quotidien. Elles reviennent sans cesse me hanter. Pourquoi? Elles surviennent tous les jours depuis qu'une sournoise maladie a décidé de faire irruption comme ça dans ma vie et de me gâcher l'existence. Mais pour les autres, ces nombreux oublis qui me tracassent sans relâche peuvent être drôles. Je suis d'ailleurs souvent l'objet de moqueries, de railleries de la part des gens qui m'entourent. « Il est encore perdu », se disent les uns. « Je n'ai pas hâte d'avoir son âge », se disent les autres. Moi je ne ris pas. Moi je sais que je ne suis pas perdu. En fait, pas autant qu'ils le prétendent. Moi je sais que ce n'est pas une question d'âge. Moi je sais qu'au fond de moi je souffre terriblement. Moi je sais que c'est une conséquence de cette maladie. Et les gens qui sont très proches de moi, comme mes enfants, savent que je ne suis pas dans mon état normal alors ils s'inquiètent. Mais cette maladie n'a pas d'apparences extérieures. Elle n'est pas évidente comme une jambe cassée ou une infection quelconque. Elle ne se voit pas. Elle est invisible. Alors je suis le seul à savoir que j'en souffre.

C'est ce qui rend le tout encore plus désagréable et encore plus difficile à vivre et à supporter. Si seulement cette maladie me donnait des boutons violets dans le visage ou me faisait pousser un deuxième nez. N'importe quoi qui serait apparent! Je ne serais pas le seul à savoir que je souffre. Je ne serais pas le seul à savoir de quoi je souffre. Tout le monde le verrait et l'on ne me poserait pas de questions. Les gens ne douteraient pas de moi. En fait, les gens ne douteraient pas de mon honnêteté, de mon intégrité et par le fait même, de ma souffrance. Tout le monde saurait et comprendrait.

Au fait, quelle est cette maladie si sournoise? Qu'est-ce qui peut faire en sorte que je me sente aussi mal sans que personne ne s'en aperçoive? La dépression majeure, vous connaissez? Tout le monde connait cette maladie. Tout le monde en a entendu parler. Tout le monde sait ce qu'est cette maladie. En fait, les gens pensent la connaître, mais en réalité, bien peu la comprennent. La plupart des gens ne savent pas ce que c'est que de souffrir de cette maladie. Ceux qui sont passés au travers, ceux qui en souffrent et ceux qui sont proches de quelqu'un qui en a souffert savent ce que l'on peut ressentir lorsqu'on en souffre. Le mal de vivre, la sensation de tristesse, l'angoisse vive et omniprésente et l'anxiété sont des symptômes très connus des gens que l'on dit dépressifs. Moi j'ai connu et je connais encore ces symptômes avec en plus, une impression de fatigue constante, sans toutefois être en mesure de dormir.

En fait, il s'agit d'un cercle vicieux. Car plus on a de symptômes, plus on est susceptibles de voir s'en ajouter d'autres. Si l'on souffre d'insomnie, l'anxiété et l'angoisse n'en seront que plus grandes. Et plus l'angoisse est grande et plus on est fatigué. La tristesse fait en sorte que l'on se replie sur soi-même, évitant tous contacts avec les autres, avec le monde extérieur. Et moins on communique avec les autres et plus nous sommes prisonniers de notre esprit. On s'enferme dans une certaine bulle de sécurité qui nous fait un bien immense sur le moment, mais par le fait même, on s'isole de tout. En s'isolant du monde extérieur, on ne peut exprimer vraiment ce que l'on ressent alors la tristesse augmente. Il est très difficile de briser ce cercle, voire impossible. J'ai hâte au jour où je détiendrai la clé de mon esprit qui me fera briser ce fameux cercle et me libérera de ma souffrance.

Même si l'on parvient à le briser, on se bute tout de même à un obstacle majeur. Car le pire de la dépression, ce qui rend les symptômes encore plus pénibles, ce qui nous fait souffrir le plus, ce qui nous tourne le fer dans la plaie et nous remet cette maladie en pleine face continuellement, ce sont les préjugés. Les préjugés que les gens ont envers ceux qui souffrent de cette maladie. « C'est un paresseux », se disent les uns. « C'est un faible », disent les autres. « Il n'est pas capable de subir la pression, on ne peut donc pas lui confier quoi que ce soit ». Les gens nous regardent d'un autre œil. La façon dont ils nous traitent ordinairement change. Les gens semblent avoir pitié de nous. En fait, je ne sais pas si la perception des autres à notre égard change réellement. Peut-être toutes ces impressions proviennent-elles de nous? Dans notre tête, il se peut que l'on croie que la perception des autres à notre égard ait changé. Alors que ce n'est peut-être pas le cas. Et le fait d'avoir perdu tous nos repères et le fait que l'on se sente aussi médiocre font peut-être en sorte qu'on croit que les autres nous trouvent médiocres aussi. Peut-être aussi ne savent-ils pas quoi dire ou quoi faire?

Il y a aussi les gens qui confondent la dépression avec un état dépressif temporaire (mieux connu sous le nom de déprime) ou saisonnier. Combien de fois ai-je entendu des gens me dire que je n'avais qu'à me donner quelques coups de pied au derrière (et là, je vous épargne le vrai terme employé). Comme si quelques coups de pied au derrière, au sens figuré sans doute, pouvaient changer quelque chose. Comme si je n'avais qu'à me secouer ou à me faire secouer pour que j'arrête enfin de souffrir et que ma vie redevienne un tant soit peu normale. En fait, c'est beaucoup plus complexe et beaucoup plus difficile que ça de s'en sortir. Moi-même, je ne savais pas dans quoi je m'embarquais. Je ne savais pas non plus quelles terribles épreuves j'allais traverser ainsi que toutes ces nuits blanches à penser à n'importe quoi, mais surtout à ce que j'allais faire de ma vie et pourquoi j'en étais rendu là. Quelle est donc cette tristesse qui m'assaille? Pourquoi suis-je en état de panique à l'idée de me rendre au travail? Pourquoi? Pourquoi? Pourquoi? Pourquoi moi? Pourquoi je souffre tant et je me sens si mal à l'intérieur alors que personne ne se rend compte de rien? Pourquoi je ne peux pas comprendre ce qui m'arrive?

J'ai alors fait des recherches sur internet et j'ai trouvé beaucoup d'informations sur la dépression. Cela m'a beaucoup aidé à comprendre et surtout à me comprendre. J'encourage tout le monde à lire sur le sujet. Ceux qui en souffrent comme ceux qui n'en souffrent pas. Ça peut servir à estomper les préjugés, les inquiétudes et les fausses croyances.

Voici une définition théorique de la dépression telle que trouvée sur internet (Wikipédia) :

*En psychiatrie, la dépression est un trouble de l'humeur. Le terme provient du latin dépressio, « enfoncement ». C'est autour du XIXe siècle que le terme est apparu dans son usage psychologique.*

*La dépression caractérise essentiellement un état de perte de motivation ou d'élan vital chez un individu, associé ou non, à différents symptômes. Les symptômes les plus caractéristiques sont une perte d'espoir, d'envie, d'estime de soi. D'autres signes peuvent survenir tels que l'anxiété ou l'angoisse, la fatigue, la tristesse, des pensées négatives, des idées noires, des intentions suicidaires ou d'autres modifications de l'humeur et, dans certains cas extrêmes, des hallucinations.*

Ces symptômes, je les connais très bien. J'ai eu tous ces symptômes (exception faite des hallucinations). Après avoir lu cette définition, qui peut encore me dire que cette maladie se soigne à coups de pied au derrière?? Ce serait vraiment trop simple, vraiment trop facile.

Bien sûr, il y a la médication. Cette médication nous permet de retrouver une vie à peu près normale. Je dis à peu près, car depuis que je suis sous médication, je ne suis plus tout à fait la même personne. Je suis une personne habituellement très émotive. Dans la plupart des décisions que j'ai prises dans ma vie, les émotions m'ont toujours guidé. Maintenant, j'arrive à peine à ressentir des émotions. Que ce soit la peine ou la joie. Tout est nivelé de la même façon. Moi qui n'ai jamais connu le juste milieu je m'y retrouve coincé sans que je le veuille vraiment. N'étant pas habitué à me trouver au milieu, je ne peux donc pas me fier aux émotions, au « feeling » pour me guider. Je me sens maintenant comme un chien privé de son odorat. Il cherche, il sent, il ne trouve pas. Son nez ne lui parle plus, il ne peut donc plus s'y fier. Je suis comme ce chien aussi. Je réagis de la même façon ou presque dans la joie comme dans la peine. Je me sens comme ce chien, j'ai perdu mes repères. Moi qui ai toujours détesté les gens « beiges », voilà que j'en suis un. Pour moi, les gens beiges sont des gens sans couleur, sans odeur et sans saveur. On en connait tous des gens comme ça. Et je les ai souvent enviés. Parfois quand les émotions me secouaient tel un bateau porté par les vagues lors d'une tempête, j'aurais aimé être beige. Maintenant que je le suis, je rêve de redevenir comme avant. Un humain émotif, complexe, difficile à comprendre et avec une humeur qui possède souvent des hauts et des bas, mais doté d'une passion pour tout ce qui représente la vie!!! C'est comme ça que je me reconnais. C'est comme ça que je me connais. C'est comme ça que je suis moi.

Qu'est-ce qui m'a amené là?? Qu'est-ce qui m'a rendu dans cet état? Une foule de choses sans aucun doute. Des difficultés dans ma vie personnelle sûrement. Des difficultés dans ma vie professionnelle aussi. Relations interpersonnelles difficiles, surplus de travail, blessures profondes non guéries. Un bon mélange de tout ça probablement. Plus bien d'autres problèmes que je vais sûrement découvrir durant ma psychothérapie. Je suis suivi par une psychologue, car la médication seule ne suffit pas. La médication régularise mon état et me permet d'avoir une vie presque normale. Mais pour s'en sortir, pour vraiment en guérir, elle doit s'accompagner d'une psychothérapie effectuée par quelqu'un qui vous inspire confiance et avec qui vous vous sentez à l'aise. Et suivez mon conseil : si vous n'avez pas confiance en votre psychothérapeute, si vous ne l'aimez pas et si vous n'êtes pas à l'aise en sa présence, alors changez de professionnel, ça presse!!! Si vous voulez que votre thérapie vous donne de bons résultats.

Au moment d'écrire ces lignes, je ne me suis toujours pas sorti de la dépression. Je suis encore dedans, j'en souffre toujours. J'espère que d'ici la fin de l'écriture de ce livre, j'aurai trouvé la clé et que je me serai échappé, tel un oiseau, de ma cage. Une chose est sûre, la dépression fera de moi quelqu'un de différent. De plus sensible et de plus ouvert aux autres. Ce sera aussi l'occasion pour moi d'un nouveau départ. C'est ce que je suis en train d'en déduire. Et lorsque j'aurai retrouvé toutes mes émotions, ce sera encore mieux. Je serai devenu une nouvelle personne améliorée, un Sylvain à la version 2.0.

J'écris ce livre non pas dans le but de me plaindre, mais bien pour faire comprendre aux gens qui souffrent de la dépression que ce qu'ils ressentent est normal dans les circonstances. Qu'ils ne sont pas seuls, qu'ils ne sont pas en train de devenir fous. Qu'ils doivent prendre le temps et les moyens nécessaires pour s'en sortir. Ne soyez pas mal à l'aise et consultez votre médecin. N'attendez pas qu'il soit trop tard.

J'écris aussi ce livre dans le but d'ouvrir les yeux de ceux qui n'ont jamais souffert de cette maladie afin de leur faire comprendre qu'ils ne doivent pas porter de jugement sur ceux qui en souffrent et qu'ils ne doivent pas non plus banaliser ce que les gens qui souffrent de dépression ressentent. Soyez un soutien affectif pour la personne qui souffre. Contactez-la régulièrement, ne la laissez pas dans son isolement. Bien sûr, certains jours il vous sera pénible de lui parler et de constater que son état ne s'est pas amélioré, ou pire, que son état a régressé. Prenez congé ces journées-là, mais recontactez-la dès que cela vous sera redevenu possible. Les personnes souffrant de dépression ont besoin d'être entourées, ont besoin de se sentir aimées et supportées. C'est vital pour eux, et cela fait aussi partie intégrante de la guérison.

Ce livre ne se veut pas un ouvrage scientifique. Loin de moi l'idée de vous expliquer en détail comment notre corps réagit à la dépression. Je n'en ai pas la prétention et encore moins les connaissances. Il se veut en quelque sorte, être mon journal de bord, contenant mes réflexions et mes états d'âme tout au long de ma maladie. Il se veut être un récit détaillé de ce que j'ai pu noter dans mon blogue. Parfois pour me libérer, pour me confier, parfois pour donner de mes nouvelles aux personnes qui me lisent. C'est le reflet de ce qui se passe en moi, au plus profond de moi. En fait, de ce que je pense et ce que je ressens. Ce ne sont pas les mêmes sentiments pour tous, mais ça se ressemble et si je peux, par ce livre, aider quelqu'un de quelque manière que ce soit, alors l'écriture de ce livre n'aura pas été vaine.

Bonne lecture.


*Je me permets ici un retour du futur. J'ai terminé d'écrire le livre (la publication en est la preuve) et je m'en suis sorti. Ne perdez donc pas espoir. Le meilleur est à venir.*

# Chapitre I
## Le diagnostic

Pour moi, la journée du 16 novembre 2011 a débuté comme toutes les autres journées. Je ne veux pas dire par là qu'elle a bien débuté. Juste qu'elle n'est pas différente des autres. Depuis plusieurs semaines déjà, je ressens tous les matins une fatigue extrême et en ce mercredi matin, la fatigue est encore et toujours au rendez-vous. Comme à l'habitude, j'ai réussi à dormir seulement deux ou trois heures durant la nuit. Et encore là, ces deux ou trois heures de sommeil ont été très agités, ponctués de cauchemars et de réveils soudains, accompagnés d'une forte transpiration. Comme je le fais tous les matins, je me lève, prends ma douche, déjeune légèrement et vers 7 heures je suis prêt à partir. Puis, comme je m'y attends, elle arrive. Cette crise d'angoisse matinale me visite et prend possession de mon corps et de mon esprit jour après jour. Je dois donc attendre avant de partir que cela se calme un peu. Parfois, dix minutes suffisent à calmer cette angoisse. Parfois, cela prend une bonne demi-heure. Je ferme alors les yeux et je me mets à méditer tout en essayant de me reconnecter avec mon présent. Une fois la crise d'angoisse calmée, je prends ma voiture et parcours, de reculons, les 35 kilomètres qui me séparent de mon bureau. Ce matin-là ne fait pas exception à la règle et, en raison de la congestion automobile qui est un problème chronique dans la ville où je travaille, il me faut deux bonnes heures pour m'y rendre. Comme c'est devenu mon habitude, j'arrive au travail exténué avec l'impression que ma journée est déjà faite.

Arrivé à mon bureau, j'ouvre mon ordinateur portable. Je prends connaissance des nombreux courriels reçus pendant la nuit. Une partie de mon travail consiste à soutenir les utilisateurs d'une application qui est en fonction 24 heures sur 24, 7 jours sur 7. Voici donc la raison pour laquelle je reçois beaucoup de courriels durant la nuit. Ces courriels vont rejoindre les 76 courriels déjà en attente dans ma pile et dont j'ai pris connaissance la veille de façon très superficielle seulement. Je suis aussi responsable d'une deuxième application au niveau de l'évolution et du soutien. Je dois aussi faire le travail d'une autre personne puisque celle-ci est en congé de maladie. Bref, je suis très occupé, trop même, je dirais plutôt débordé. Voilà pourquoi j'ai autant de travail en attente et bien que je fais des heures supplémentaires de façon considérable depuis quelques mois, je n'arrive pas à m'en sortir puisque lorsque je termine un élément sur ma liste, il s'en est déjà accumulé trois nouveaux.

Vers les 11 heures, je suis en train d'essayer de terminer une tâche pour un de mes nombreux clients, qui me met beaucoup de pression, lorsque le téléphone sonne. Un utilisateur mécontent m'appelle pour faire un suivi sur une des demandes qu'il m'a envoyées et qui se trouve dans ma pile quelque part. Je lui dis alors que dès que j'aurai le temps, je m'occuperai de sa demande. Cette réponse ne fait visiblement pas son affaire. Il ne comprend pas pourquoi sa demande n'est pas prioritaire parmi toutes les autres demandes que j'ai déjà en attente. C'est là qu'une grosse partie du problème se situe. Chaque utilisateur considère sa demande comme étant prioritaire alors je n'ai donc que des demandes qui sont urgentes. Comme je n'ai que deux bras et deux jambes comme tout le monde, je n'arrive évidemment pas à satisfaire pleinement tous mes clients. Ce qui crée chez moi une grande frustration ainsi qu'une persistante impression que je suis incapable de m'acquitter de mes tâches convenablement. J'essaie de lui expliquer la situation, mais lui n'en a rien à cirer. D'une certaine façon, il a raison. Nous sommes censés donner un service, mais depuis le départ de deux de mes collègues en congé prolongé, le nombre d'employés est largement insuffisant. Alors le ton de la conversation monte. Il parle de plus en plus fort. Il me réprimande, m'enguirlande, me promet qu'il va téléphoner à mon patron pour se plaindre. Je suis habitué. J'ai affaire à un tel utilisateur plusieurs fois par semaine. Mais je ne peux rien faire de plus. Sauf que cette fois-ci, contrairement aux autres fois, il y a un déclic qui se fait dans mon esprit. J'ai même l'impression qu'il y a des morceaux de mon corps qui ne fonctionnent plus, qui refusent de répondre. Même si l'utilisateur monte le ton encore, je l'entends de moins en moins. Et je le comprends de moins en moins. À vrai dire, je me moque assez de ce qu'il peut me dire. Ma limite vient d'être atteinte et même largement dépassée. J'ai l'impression d'éclater en mille morceaux. Après avoir balbutié quelques mots pour lui faire comprendre que je le rappellerai plus tard, je raccroche le téléphone. Je me sens sous le choc. Je suis désemparé. Mes mains tremblent et de la sueur froide perle sur mon front. Je ne suis plus capable d'endurer ça plus longtemps. J'essaie de penser, mais j'en suis tout simplement incapable. Comme si mon cerveau s'était éteint. Je viens de heurter le mur. Je comprends maintenant la portée de cette expression et ce qui en résulte. Ma soupape a explosé. C'est la goutte qui fait déborder le vase. Le vase déjà rempli bien au-delà de sa pleine capacité. Quelque chose en moi vient de se briser. C'est grave. Très grave.

Je me lève de mon bureau. J'ai de la difficulté à marcher, à respirer. Je me rassois donc. J'ai de la difficulté à réfléchir. Tout ce que je sais avec certitude c'est que je ne vais pas bien du tout. Tout à coup, je décide de rentrer chez moi. Mon patron me dit de prendre le reste de la semaine en congé. Après un trajet en voiture qui me semble interminable, j'arrive à la maison. Je me couche et je dors quelques heures. Ce sommeil me fait un peu de bien. Lorsque je me réveille, je me sens un peu mieux. Moins sous le choc. Le reste de la soirée se déroule quand même relativement bien. Le lendemain, l'angoisse et tout ce qui l'accompagne me reprennent et c'est encore pire. La fatigue est là, l'angoisse est là, je me sens vraiment mal. Je décide de prendre rendez-vous avec mon médecin, ce sera le vendredi. Le vendredi, je me lève, je n'ai pas dormi de la nuit. Très anxieux, je me prépare pour mon rendez-vous. J'hésite, je ne veux plus y aller. Puis je me ravise, je vais y aller. Plus je parcours de distance entre ma demeure et son bureau et plus je me sens anxieux. Arrivé dans le stationnement, j'ai chaud, mal à la tête, je me sens étourdi et j'ai de la difficulté à rassembler mes idées. En fait, je ne veux pas voir ce qui est pourtant évident. Je ne veux pas l'admettre, car cela m'est très difficile. Je pense que je suis en dépression. Et jamais, au grand jamais, je n'ai cru que cela pourrait m'arriver.

La dépression?? Moi?? Jamais de la vie. Voilà une certitude à laquelle je crois. Ce n'est pas pour moi une dépression. C'est pour les autres, les faibles et les tricheurs. Oui, les tricheurs, ceux qui font semblant d'être en dépression pour ne pas travailler. Parce que moi, je suis fait fort... un dur de dur. Rien ne m'arrête et je suis capable d'en prendre!!! J'ai la couenne dure. Autant de phrases que je crois vraies. En fait pour moi c'est la seule vérité. Et bien, voilà, bien que m'étant diagnostiqué moi-même depuis longtemps « juste très fatigué », voilà que ces mêmes symptômes se retrouvent dans le bureau du médecin.

J'entre dans son bureau et elle me dit que je n'ai pas l'air de quelqu'un qui va bien. Je lui dis qu'elle a raison et je m'effondre, pleurant et sanglotant. Je lui parle de ma fatigue chronique que j'endure et qui s'aggrave jour après jour. Je lui parle de mon manque de sommeil, en fait, de mon incapacité à dormir et du manque d'énergie qui en résulte. Je lui parle de ma perte d'intérêt envers tout ce que je trouvais intéressant avant. Je lui parle de ma perte d'appétit et de la perte de poids qui en résulte. Je lui parle de ma tristesse et de mon moral qui est à son plus bas. Je lui parle de ma surcharge de travail et de ma soudaine incapacité à gérer le stress. Et pendant tout ce temps, mes mains tremblent. Et je pleure, je pleure toutes les larmes de mon corps. Elle me tend une boîte de mouchoirs de papier. J'en prends quelques-uns pour me sécher les yeux.

Elle vérifie ma pression, mes battements de cœur. Tout est correct. Pas de problème de ce côté-là. Mais alors… quel est mon problème? Elle me demande depuis combien de temps j'ai tous ces symptômes. Je lui réponds « depuis plusieurs mois déjà ». Elle me regarde d'un air grave. J'ai peur de ce qu'elle va me dire. J'ai peur ou je ne veux pas l'entendre. Car je pense que je sais trop bien ce qu'elle va me dire. Et je ne veux pas l'entendre. Et je ne peux pas l'accepter. De toute façon, selon moi, je suis juste très fatigué. C'est en tout cas, ce que j'essaie de me faire croire. Elle parle, mais je l'entends à peine. Car tout en moi se ferme. Elle me fait part de son diagnostic. Et son diagnostic est tout à fait différent de ce que je pense, cinglant même. Ce qu'elle me dit me fouette en plein visage. Telle une gifle provenant d'une main immense. « Monsieur, vous souffrez d'un trouble de dépression majeure et d'anxiété avec agoraphobie! » me dit-elle.

Ça y est. Elle l'a dit. Au début, je ne la crois pas trop. Je ne comprends pas. Elle s'est trompée de dossier. Impossible que ce soit moi. Ce ne peut pas être de moi qu'elle parle. Pourtant je dois bien me rendre à l'évidence. Il n'y a que moi dans son bureau. En fait, elle et moi. Et elle ne se parle pas du tout. Non, c'est à moi qu'elle s'adresse. Et ce qu'elle dit est très évident. En fait, je n'ai pas voulu le voir. Je suis dépressif..... Que je le veuille ou non, je suis dépressif. Je me sens abasourdi. Ça ne se peut pas. Et pourtant tout ce qui se déroule est très réel. Je la vois gribouiller des mots

16

sur un papier. C'est une prescription. Je me retrouve donc avec une prescription pour un antidépresseur, une prescription pour calmer mes angoisses, une recommandation pour voir un psychologue et un congé de deux mois.

Je sors de son bureau avec encore une forte impression d'irréalité qui me suit. Tout ceci n'est pas possible. J'embarque dans ma voiture. Je démarre le moteur. Tout se fait machinalement. Je retourne chez moi, hébété. Oui, c'est le mot. Tout s'est passé très vite et je n'ai pas encore réalisé ce qui m'arrive.

J'arrive à la maison, je me couche et je m'endors. Quand je vais me réveiller, je vais me rendre compte que tout ceci n'est qu'un cauchemar. Que tout ce que je viens de vivre n'est pas réel. Pour une fois, je dors bien. Mais je me réveille en sursaut. Puis je me demande si j'ai rêvé, mais lorsque je vois sur mon bureau toute la paperasse médicale, je me dis que non, je n'ai pas rêvé. Je fais bel et bien une dépression. Je me souviens de tout ce que mon médecin m'a dit. Les mots qu'elle a employés, la moindre expression de son visage et le ton employé. Un ton qui s'efforçait d'être rassurant. Puis je me rappelle l'onde de choc qui a suivi son annonce. Je me souviens de l'état de choc qui s'en est suivi.

Je prends ma voiture et ma paperasse médicale et je me rends à la pharmacie. En route, je me demande bien ce que le pharmacien va penser de moi. J'ai déjà honte. Oui, très honte. Arrivé à la pharmacie, je me promène dans les allées la tête basse. J'ai la drôle d'impression que tout le monde me regarde, que tout le monde porte un jugement sur moi. Pourtant, comment pourraient-ils savoir?? Qui aurait bien pu leur dire? Personne n'est en mesure de voir mes papiers. Je les tiens bien serrés. Tout au fond de la poche de mon manteau. Ce n'est sûrement pas mon manteau qui m'a trahi. Non, tout ceci provient de mon cerveau. C'est lui qui imagine que tout le monde sait à propos de ma dépression et que tout le monde me juge, car dans mon esprit, la dépression ressemble à la folie!! Pour moi, être en dépression c'est comme être au seuil de la folie. Je ne suis pas normal. Dans ma tête, la liste de préjugés est longue par rapport à la dépression. J'ai une maladie mentale et j'ai de la difficulté à l'accepter. Je suis donc condamné à prendre des pilules. Obligé, devrais-je dire, de prendre des pilules. Car ces dites pilules vont me servir à retrouver une certaine normalité que je ne suis pas capable d'atteindre sans être sous l'effet de ces médicaments maudits.

Nerveux, anxieux et honteux, je tends ma paperasse à la personne derrière le comptoir de la pharmacie qui est responsable de recevoir les prescriptions et de les saisir dans son système informatique. « C'est pour vous? » qu'elle me demande. Malgré la forte envie qui me tenaille de lui dire que c'est pour quelqu'un d'autre, je réponds : « Oui c'est pour moi ». Elle me regarde, impassible, et me dit d'aller m'asseoir et d'attendre de l'autre côté. De mon siège, je la vois qui tape sur son clavier. Contrairement à ce que je pense, aucun gyrophare ne s'allume. Aucune sirène ne se fait entendre. Dans les haut-parleurs de la pharmacie, aucune voix ne se fait entendre pour dire : « Attention ce mec est fou!!!! ». Non, pour elle comme pour tous les employés, je ne suis qu'un patient de plus qui prend cette médication. Car, je ne le sais pas à ce moment-là, mais je le découvrirai plus tard, je ne suis pas le seul à souffrir de dépression et donc pas le seul à avoir besoin de cette médication.

Une fois ma prescription remplie et payée (je suis estomaqué par le coût de ces médicaments) j'embarque dans ma voiture. Je fais démarrer le moteur. Je reviens de la pharmacie avec mes pilules et presque aucune honte. Personne ne m'a fait sentir anormal. Personne ne m'a traité de fou. Bien au contraire. Cela me rassure. Malgré le fait que je suis en dépression, je ne suis pas anormal pour autant. Voilà au moins une bonne nouvelle. Je me sens tellement démoli que j'accepte volontiers tout ce qui m'arrive, qui est le moindrement positif.

J'arrive à la maison et je prends ma première dose d'anti-dépresseurs. Bon ce n'est pas si pire. Puis je commets une erreur. Je fais la gaffe de lire tous les effets secondaires de ces médicaments. Elle est longue cette liste. Et elle comporte des éléments de nature à m'inquiéter : danger d'accoutumance, augmentation de l'appétit, gain de poids, bouche sèche et j'en passe. Mais le pire reste à venir : diminution de la libido et érections moins convaincantes et moins durables. À ce moment, je ne sais pas encore combien de temps je devrai prendre cette médication. Mais je suis inquiet... Très inquiet.

Puis je me rappelle que je n'ai pas avisé mon patron. Mais nous sommes vendredi, au milieu de l'après-midi. Je me dis que je l'aviserai lundi tout en me faisant croire que si je l'avise lundi, il ne passera pas un mauvais week-end. Puis je me rends compte que c'est plutôt pour moi. Je suis trop anxieux et même peut-être un peu honteux de lui annoncer cette mauvaise nouvelle. Et en plus, je suis le troisième de mon équipe à être en congé de maladie. Je me demande donc comment il prendra la nouvelle. Le week-end passe. Plus lundi approche et plus j'angoisse. Lundi matin est arrivé, je l'appelle et comble du bonheur, il n'est pas à son bureau. Je lui laisse un message. Il me rappelle un peu plus tard puis je lui annonce la nouvelle. Sa réaction est loin d'être celle que j'attendais. Bien au contraire. Il m'écoute et est très compréhensif. Est-ce que cette compréhension dont il fait preuve est bien réelle ou est-ce qu'il s'agit d'une comédie, je n'en sais rien. Je connais tous les préjugés qui existent en milieu de travail envers les personnes qui souffrent de dépression. Pour ne pas aggraver mon mal, je décide de croire que ses sentiments sont réels.

Ça y est, je suis en congé, je n'ai plus que moi à penser et je dois effectivement prendre soin de moi, je dois penser à moi afin de pouvoir m'en sortir un jour. Mais voilà, je n'ai encore jamais pensé à moi. J'ai toujours tout fait en fonction des autres sans vraiment tenir compte de mes besoins, de mes envies, de mes aspirations. Je devrai donc changer ma manière de voir et de faire les choses. Mais je ne suis pas rendu là encore. Pour l'instant, je dois me reposer. Et c'est exactement ce que je vais faire.

Pour la dépression, la phase de reconnaissance de la maladie et d'acceptation de celle-ci est cruciale. Tant qu'on ne reconnaît pas que nous sommes malades, il peut être difficile de s'en sortir. Pourtant, pour la plupart d'entre nous, le déni est la réaction première. L'endroit sécuritaire où l'on se réfugie. Il est donc normal de jouer à l'autruche. Mais à un moment donné, on doit se rendre à l'évidence que nous sommes bel et bien malades et que nous devons nous faire soigner. Dans le cas de ma dépression, mon traitement comprend le trio « repos, médication et psycho-thérapie ». Il est important de consulter d'abord et avant tout son médecin, il nous conseillera sur toutes les étapes nécessaires vers la guérison. Une thérapie est intéressante aussi, car elle permet de fouiller à l'intérieur de nous-mêmes afin d'identifier et de comprendre ce qui nous a amené là. Bien que la médication soit très efficace, elle ne peut à elle seule guérir la dépression. Au mieux, elle ne fait qu'en atténuer les symptômes, nous permettant alors ce regard intérieur qui peut nous mener à une guérison totale et complète.

# Chapitre 2
## La descente

21 novembre 2011

Bon, me voici en congé. Après avoir vécu toute une gamme d'émotions, je me suis finalement fait à l'idée que je suis au repos. Je dois me reposer. Ce n'est pas une option, je n'ai pas le choix. Cette vérité est difficile à accepter pour moi. Moi qui ne me suis jamais fait mettre au repos de force, je dois avouer que c'est dur pour mon orgueil. D'autant plus que je dois dire que les premiers jours sont faciles. Très faciles, même. En fait, je ne sais pas trop pourquoi je suis au repos.

Pour moi, il est clair que je n'en ai pas besoin. Je vaque à mes occupations comme si de rien n'était. Ça me console. Il est clair que mon médecin s'est trompé. Après quatre ou cinq jours de repos, je serai prêt à retourner au travail. Elle m'a arrêté pour deux mois. Voyons donc!!!!! C'est une farce. Comme je le disais dans le chapitre précédent, je suis fait fort et rien ne peut m'arrêter. Je suis invincible, voire indestructible. J'ai juste besoin d'un peu de repos et après je serai mieux. Fin prêt à reprendre toutes mes activités, et même plus. Mais bon, je fais le bon garçon et je décide de me reposer. Je n'ai pas le choix de toute façon puisque mon entourage me surveille et ils semblent plus inquiets pour moi que je ne le suis. Mais ils vont bien voir de quel bois je me chauffe. Et ce ne sont pas des petites brindilles!!

Pourtant, étrangement, plus je me repose et plus je suis fatigué. À la fin de ma première semaine de congé de maladie, je suis plus mal en point qu'au début. Que se passe-t-il avec moi?? Je ne sais pas trop. Je mets ça sur le compte de l'inactivité. Ça tue l'inactivité. C'est ennuyeux et ça nous fait sentir inutile. Alors c'est sûrement ça : l'inactivité est en train de me rendre malade. C'est ce que je pensais. C'est ce que je préférais penser pour ne pas voir la réalité en pleine face. Mon corps me parle. Je ne l'ai jamais écouté avant, mais il parle, et très fort en plus. Il crie presque. En fait, il réagit. Après avoir fait des efforts pour ne pas l'entendre et même pour me faire croire qu'il ne me parlait pas, il a décidé qu'il en avait assez.

Je lui impose un train de vie qui va bien au-delà de ses capacités, et ce depuis de nombreuses années. Il a toujours réagi de façon à pouvoir satisfaire toutes mes exigences. Pour ce faire, il produisait le surplus d'adrénaline nécessaire pour supporter ce train d'enfer. Et même aujourd'hui, il continue d'en produire en quantité industrielle. Le problème c'est qu'au repos, mon corps n'a plus besoin de toute cette adrénaline. En fait, il n'en a rien à cirer. Et me le laisse savoir de toutes les façons possibles et pas toujours agréables. J'ai mal au dos, je ne dors plus, je ne mange plus, je suis couvert d'eczéma. Plus rien ne me tente. La fatigue extrême me gagne. C'en est même douloureux. Je ne vais vraiment pas bien. Et comme si ce n'était pas suffisant, les effets secondaires des médicaments me jettent à terre. Rien à voir avec tous les effets secondaires de médicaments que j'ai eu à subir jusqu'à présent. Ceux-là sont de forte intensité. Je n'ai plus d'énergie pour faire quoi que ce soit. Je me sens comme une loque humaine. Je n'ai pas le goût de parler à personne. Pire que ça, ça ne me tente même pas de voir qui que ce soit. Je ne veux rien savoir. Moi qui ai toujours été d'un tempérament très sociable, voilà que je m'enferme à l'intérieur de moi-même. Tout se dérègle, se détraque. J'ai peur. Je suis de plus en plus anxieux. Malgré tous mes efforts pour me faire croire que ça ne se peut pas, que c'est impossible que cela m'arrive, je dois me rendre à l'évidence : je suis en train de sombrer. Je sombre dans la dépression.

Les semaines qui suivent sont de plus en plus difficiles. Je ne me supporte plus moi-même. Je ne me reconnais plus. Les périodes d'anxiété et de dépression se succèdent à un rythme d'enfer. L'anxiété est la principale cause de tous mes soucis. Malgré ma médication, la tendance est fortement à la hausse. Tout me rend anxieux, stressé. Même les choses les plus banales. J'ai deux choses à faire dans ma journée et la panique s'empare de moi. La notion du temps perd tout son sens. En fait, je ne sais plus ce que c'est. Combien de temps me prend telle tâche?? Je ne sais plus. Tout ce que je sais, c'est que j'ai toujours l'impression que je vais manquer de temps. Ce qui est pire, c'est que je peine à sortir de la maison. Juste l'idée de prendre ma voiture et de faire deux coins de rue m'apparaît comme une montagne. Ça me rend nerveux, très nerveux. Cela me donne l'impression de faire un arrêt cardiaque. Ce sont les mêmes symptômes, mais dans mon cas, cela s'appelle de l'angoisse. Battements de cœur irréguliers et anormalement élevés, sueur anormale et abondante, mains qui tremblent, l'impression d'avoir chaud et froid en même temps, impression de perdre conscience, crise de panique. Tous ces symptômes sont réels ou sont l'effet de mon imagination, je ne sais plus. Je ne sais même pas si je ressens vraiment tous ces malaises ou si je les invente.

Alors des choses courantes, comme faire mon épicerie, deviennent pénibles. J'ai peur... peur de sortir, peur du monde, peur de ressentir un malaise, peur d'avoir peur. La peur me paralyse et par le fait même, j'ai tendance à m'enfermer dans la prison dorée qu'est devenue ma maison. Lorsque j'y suis, je m'y sens bien. Dès que je la quitte, j'ai l'impression que tout peut m'arriver. Des choses aussi mauvaises les unes que les autres.

Les magasins qui m'ont toujours parus près de chez moi, semblent s'être éloignés. Aller à l'épicerie me demande un effort surhumain. Pourtant, il faut que j'y aille absolument. Je dois manger. Je n'ai pas le choix. Mais pour ce faire, je dois sortir et cela m'angoisse terriblement. Heureusement, certaines personnes sont là pour me donner un coup de main. Pour m'aider à faire des choses simples que je ne suis plus capable de faire. Ces gens sont très compréhensifs à mon égard, je leur en suis très reconnaissant.

Lorsque je ne suis pas angoissé, je suis déprimé. Pas un peu déprimé. Très déprimé. Je pleure. Je ne sais plus qui je suis. Je ne me reconnais plus. Je suis continuellement perdu. Ma concentration s'est pour ainsi dire envolée. Je n'en ai plus. J'oublie tout. Je ne me souviens de rien. Je suis incapable de situer un évènement dans le temps. C'est arrivé hier ou avant-hier? Je ne sais pas. J'ai perdu mes repères de temps. Est-ce bien important?? Non, sûrement pas. Mais il demeure que cela ne fait que me démontrer à quel point je suis détraqué. À quel point l'ancien Sylvain n'existe plus! La seule lucidité qu'il me reste me sert à me rendre compte à quel point justement je n'en ai plus de lucidité. Je crois que c'est ce qui est le plus difficile. Dépérir et en même temps me rendre compte à quel point je dépéris.

Fonctionnellement, je ne suis plus que le quart de moi-même. Heureusement, j'arrive quand même à faire les choses essentielles. C'est ce qui me permet de continuer la garde partagée de mes filles. Je suis encore capable de m'occuper d'elles. En fait, je ne sais plus qui s'occupe de qui. J'angoisse moins quand elles sont là. Elles me procurent une relative sécurité, mais celle-ci me convient parfaitement. Sauf que je suis limité. Très limité. Faire deux choses simples en même temps m'est devenu impossible. Je deviens incapable de faire le souper en même temps que mes filles me racontent leur journée. Soit que je me trompe en faisant le souper ou que je ne me souviens plus où j'en étais rendu. Soit que je n'aie absolument rien compris de ce qu'elles m'ont dit. Parfois, cela leur occasionne beaucoup de frustrations. Parfois, cela leur occasionne beaucoup d'inquiétude. Moi qui suis toujours à mon affaire, voilà que j'ai l'impression de perdre complètement la carte. De plus, tout m'épuise terriblement.

De même, je ne comprends plus le sens de phrases pourtant toutes simples. Qui n'a pas entendu cette petite phrase agaçante provenant de l'emballeur à l'épicerie : « On vous emballe votre épicerie dans des sacs de plastique monsieur? » Cette simple phrase me fait suer. Elle me demande un effort inouï de concentration et de réflexion avant de pouvoir y répondre. Merde, j'ai toujours répondu oui à cette question. Pourquoi maintenant cela me demande-t-il cet effort? Pourquoi maintenant la seule réaction que j'ai, est cet air hébété? La caissière, comme beaucoup d'autres personnes que je croise, pense que je suis tout droit sorti d'une autre planète et me regarde d'un drôle d'air. L'emballeur, lui, a l'impression de se faire niaiser et n'est pas trop sûr s'il doit rire ou être fâché. Je finis par dire : « Oui S.V.P. », car c'est ce qu'a répondu le client à la caisse à côté. Mais je ne suis pas sûr de ce à quoi je viens de dire oui. Mais je verrai bien ce qui arrivera. J'exagère un peu dans cette anecdote, mais elle démontre bien à quel point on peut se sentir perdu et désemparé devant des choses pourtant toutes simples. C'est comme si j'avais l'esprit ailleurs. En fait, il n'est pas ailleurs. Il est en mode « économie d'énergie » dans le but d'être capable d'assurer le service de base pour être en mesure de subvenir aux besoins physiologiques du corps humain. Il est en mode automatique. Toutes les fonctions supérieures lui sont inaccessibles. Autrement dit, il est presque éteint.

Mince consolation, malgré tous ces symptômes désagréa-bles, malgré cette lente descente vers l'enfer, la dépression nous permet quand même de voir qui sont nos vrais amis. Plusieurs amis essaient de me venir en aide. Pour m'aider. M'aider à quoi?? Rester en vie?? Parfois, j'en ai même plus le goût. Il y a des gens qui veulent bien faire, mais qui n'ont pas vraiment le tour et qui n'arrivent pas à cerner ce dont j'ai vraiment besoin. En fait, je ne sais pas ce dont j'ai vraiment besoin. La seule chose que je demande dans le fond c'est qu'ils soient là. Des amis et des proches bien intentionnés me mentionnent qu'il suffit de 2-3 coups de pied au derrière pour s'en sortir. Rendu au 400e coup de pied, je vois bien que mes efforts ne donnent rien sauf de me donner des bleus. Visiblement, ce n'est pas le traitement que ça prend. Il ne s'agit pas d'une simple petite déprime passagère. Ni même d'une petite déprime saisonnière. Non, c'est une dépression. Majeure en plus (du moins, c'est ce que le docteur a dit). Alors des amis qui ne savent pas quoi faire ou quoi dire m'abandonnent, tout simplement. Leur présence, leurs appels, leurs messages deviennent de plus en plus rares jusqu'à devenir inexistants. D'autres préfèrent ne pas savoir. En ne sachant pas, ils n'ont donc pas à s'impliquer. Ils n'ont donc pas à chercher quoi faire ni quoi dire et ni à entendre ce que j'ai à dire. Ils ont bien assez de leurs propres problèmes. Au fond, je les comprends. Je ne vais pas bien. Voilà ce que je leur répondrais. Mais devant cette phrase, la plupart des gens ne savent pas quoi dire. Ils préfèrent se taire et faire semblant de ne pas avoir compris. Faites le test. Lorsque quelqu'un vous pose la question « Comment ça va? », répondez que vous allez très mal. Vous pourrez alors voir le malaise dans les yeux de ceux à qui vous répondrez. Ils ne sauront pas quoi dire c'est sûr. Car de façon générale, la question est posée machinalement. Et la réponse est donnée tout aussi machinalement. Les gens, en général trop occupés à soigner leurs petits bobos, ne se préoccupent pas vraiment de connaître votre état. Cette question n'a plus le même sens pour moi maintenant. Elle signifie plus que la simple question « Comment ça va? » posée par habitude, par bienséance ou parce que c'est poli de demander. Maintenant, j'écoute la réponse. Si la personne va bien alors tant mieux. Si elle va mal, je prends maintenant le temps de demander ce qui ne va pas. Et lorsque la personne répond, je me la ferme et j'écoute.

Heureusement, il n'y a pas que les amis qui partent. Il y a les vrais amis. Ces amis-là restent, sont présents pour nous et savent faire ce qu'il faut et dire ce qu'il faut lorsqu'il le faut. De nouveaux amis s'ajoutent aussi. Des personnes que je ne connais pas, mais qui sont volontairement placées sur mon chemin. Parfois, on ne sait pas tout de suite pourquoi, mais on finit par le découvrir. Les anciens et les nouveaux amis, ensemble, arriveront presque toujours à avoir le bon mot pour moi. À me faire lire le texte qu'il faut. À être là pour moi, ne serait-ce que pour m'écouter, me comprendre et ne pas me juger. Ces amis, je les aime profondément. De tout mon cœur. Et je leur serai éternellement reconnaissant d'avoir été au bon endroit au bon moment. Où serais-je aujourd'hui sans ces amis, sans leur support? Quels gestes regrettables aurais-je pu poser sans eux alors que je n'avais même plus la force de me battre…même plus la force de vivre? Je l'ignore. Vraiment, je l'ignore.

# Chapitre 3
## Le fond

24 février 2012

Quelques semaines ont passé. Je ne comprends pas d'ailleurs mon rapport au temps. Ces semaines passent vite, pourtant chaque journée prise individuellement me semble interminable. Pourquoi? Je ne sais pas. Les choses sont ainsi. Je m'interroge sur tellement de choses que je ne peux pas en plus m'interroger sur des choses auxquelles je n'y peux rien. Ces semaines, dis-je, n'ont pas été faciles. Parsemées de hauts et de bas, les émotions dans le plafond presque continuellement et le moral qui se comporte telle une balle qui rebondit sans fin. Vous pouvez deviner dans quel état je suis.

Heureusement, j'ai le support de mes amis, de mes enfants... et de ma médication qui, après de nombreux ajustements, commence enfin à faire effet. Sans toutefois me faire sentir bien, la fréquence de mes épisodes de hauts et de bas semble diminuer. Mais je n'en suis pas sûr. Ces médicaments ont comme effet de me cacher à moi-même comment je me sens, comment je ressens les choses. En fait, il est facile de se sentir bien, car à l'intérieur je suis comme dans une bulle. Cette bulle me protège de tout ennemi extérieur susceptible de m'agresser. Ce n'est pas très demandant non plus de regarder des films à la télévision une bonne partie de la journée. Ce qui fait que dans l'ensemble mon état semble s'améliorer. C'est ce que je pense en tout cas. Mais c'est une erreur, une grave erreur, de ma part.

Si je pousse un peu plus la machine, je me rends compte que la descente, elle, se continue. Comme une vis sans fin. Je me sens nul quand vient le temps de faire plus d'une chose à la fois. Je suis nul, si j'essaie de faire des choses qui demandent plus de concentration et d'énergie. Vraiment nul. Et cela empire. Du moins, ça semble être la tendance. Chaque jour, je pense avoir atteint le fond et je me dis que demain ne peut être que meilleur. Pourtant, le lendemain, je descends encore plus bas. Ma concentration et mon énergie diminuent. Sur une échelle de 0 à 10, ma concentration est à 1. Mon énergie, elle, est à -5.

Sur le plan moral et psychologique, j'essaie toutefois d'améliorer les choses. Je travaille sur moi et j'essaie de comprendre ce qui m'a amené dans cet état. Par le biais du programme d'aide aux employés de l'entreprise où je travaille, je prends rendez-vous avec un psychothérapeute. Cet homme est sensé me faire découvrir ce qui ne va pas en moi et ainsi, me redonner une certaine joie de vivre. Je lui souhaite la meilleure des chances.

Je me rends à son bureau. L'édifice abrite un centre de chiropractie et de massothérapie. Aucune trace de mon psycho-thérapeute. Je me présente à l'accueil, la dame me fait signe qu'il se trouve au 2e étage. Rendu en haut de l'escalier, personne pour m'accueillir. Je prends place dans la salle d'attente, avec le désir immense de retourner à la maison, car tout ceci ne m'inspire pas vraiment confiance. De toute évidence, il reçoit ses clients dans un bureau qu'il loue. Un homme sort subitement d'un bureau et me demande mon nom, il me serre la main et se présente. Il me reçoit dans son bureau qui ne pourrait pas être plus chichement décoré. Il ne semble pas souhaiter rendre cet endroit plus accueillant et plus confortable. Dans la pièce, il y a un vieux meuble qui lui sert de bureau, une chaise à roulette qui a déjà connu de meilleurs jours et une chaise pliante en bois. Sur le meuble trône un téléphone cellulaire qui date d'une autre époque, du papier et des crayons. Il prend place sur la chaise à roulette m'indiquant du même coup que la chaise pliante en bois est pour moi. J'aurais souhaité quelque chose de plus confortable. On dirait une salle d'interrogatoires d'un vieux poste de police désuet datant de l'époque de la Gestapo.

Il m'explique les modalités de nos rencontres à venir. Puis il plonge dans le vif du sujet et sa question est paralysante : « Qu'est-ce qui vous amène ici? » Je ne sais pas quoi répondre. Pourquoi raconterais-je ma vie à un inconnu? Qu'est-ce que cela pourrait bien m'apporter? Puis je me lance et lui raconte ce qu'est mon existence depuis quelques semaines, quelques mois.

Après quelques rencontres, je prends conscience de ce qui ne va pas. Ce que j'apprends néanmoins n'est pas une surprise pour moi. Je suis une personne qui ne peut refuser quoi que ce soit à qui que ce soit. Je suis incapable de dire non et ce peu importe le prix qu'il m'en coûte. Si je veux améliorer ma santé physique et mentale, tout ceci devra changer. Le psychothérapeute me dit que dorénavant ma devise sera : « Je m'écoute, je me respecte et je me fais confiance ». Facile à dire, oui. Mais comment le faire??

La rencontre suivante, j'apprends ainsi que chaque être humain doit créer son propre territoire qu'il se doit de faire respecter aux autres. Ce territoire nous sert à définir nos limites. Ce qu'on est capable de faire. J'apprends donc un nouveau concept : j'ai des limites! Je prends ainsi conscience que je n'ai pas de territoire à moi et que je passe mon temps à « squatter » celui des autres. Donc je n'ai pas de limites, car mes limites sont définies par le bon vouloir des autres. Je devrai donc apprendre à me faire un territoire et pour ce faire, je devrai donc apprendre à dire non. Non quand je ne peux pas. Non quand je n'ai pas le temps. Non quand je n'ai pas les connaissances. Non quand je n'ai pas la force. Non quand je n'ai pas les ressources. Bref, dire non chaque fois que la réponse doit être non. Même au risque de décevoir les gens qui m'entourent. Même au risque de perdre des gens que j'aime. Car voilà ce qui m'empêche de dire non : la peur de perdre. Peur de perdre une conjointe. Peur de perdre l'amour de mes enfants. Peur de perdre une amitié. Peur de perdre le respect et la confiance de mon patron. Ce que je ne comprends pas, c'est que c'est justement en m'écoutant et en me respectant que je risque de gagner tout ce que j'ai peur de perdre. Bien sûr, ceux qui sont dans mon entourage pour la seule et unique raison que je leur ai toujours dit oui risquent de partir. Mais dans le fond, quelle est la valeur de ces personnes? Que m'apportent-elles?? Je me fais donc deux promesses. La première : ne m'entourer que de gens de grande valeur qui m'aiment et qui sont avec moi pour qui je suis. La deuxième : toujours donner l'heure juste à ces gens. En fait, donner l'heure juste à tout le monde avec qui, personnellement ou professionnellement, je dois faire interaction.

Ces prises de conscience, bien qu'étant d'une valeur inestimable pour mon avenir, ne m'apportent pas grand-chose dans le présent. Prendre conscience de ce qui ne va pas avec nous est une chose. Savoir où on devrait s'en aller en est une autre. Mais savoir quel chemin prendre pour s'y rendre est une tout autre histoire. Comment fais-je pour être tout à coup capable de me respecter, de m'écouter et de me faire confiance? J'ai toujours su que c'était là ma plus grande lacune. Mais si j'en suis rendu à ce point, c'est que je n'ai jamais trouvé la manière de la corriger. Et si je sais pertinemment qu'il est très néfaste pour moi de toujours dire oui, pourquoi alors n'ai-je jamais appris à dire non?

Je pose ces questions à mon thérapeute. Il reste muet quelques instants. Mes espoirs sont grands par rapport à cet homme et mes attentes sont encore plus grandes. Et sur le coup, je suis sûr qu'il aura les réponses à toutes mes questions. Je suis sûr que ce qu'il va me régler tous mes problèmes et qu'il a une thérapie magique pour me guérir. Qu'il a des trucs tout simples à mettre en place et que lorsqu'il me les donnera, tout sera clair en moi.

Mais voilà le hic. Des trucs, il n'en a pas. En fait, il n'en existe pas. La réponse provient de moi-même qu'il me dit. Pas de trucs, pas de recettes, pas de grandes théories. Rien. C'est à moi de savoir quel chemin je dois prendre. Quelle déception! Moi qui croyais qu'en repartant de là, j'étais pour avoir tous les outils en main et surtout LA clé qui me permettrait de me sortir de là. Me voilà revenu au point de départ. Du coup, je me dis que cette thérapie ne m'a absolument rien donné. Je suis déçu, extrêmement déçu. Je retourne chez moi la tête entre les jambes. C'est donc ça une thérapie? On passe des semaines à cibler le problème, à découvrir la cause et l'on n'a pas de remèdes? Vraiment, tout cela me déçoit. Moi qui m'attendais d'avoir au moins des pistes de solutions. Je me retrouve devant rien. Un constat, mais pas de plan d'action.

La semaine suivante, je me présente à mon rendez-vous chez le psychothérapeute. Il me propose des actions pour préparer mon retour au travail!! Je me sens très loin de penser à peut-être commencer à voir si je ne pourrais pas penser à un retour au travail. Alors pour ce qui est du retour au travail en tant que tel, j'en suis très loin. D'ailleurs, son attitude me surprend. Il est plus impatient, voire agressif. Je prends mon prochain rendez-vous, mais ça ne me tente vraiment plus de revenir. J'en parle à mon médecin, elle me conseille vivement de changer de thérapeute. J'annule mon rendez-vous et je mets fin à cette thérapie.

Il est très important d'être à l'aise avec son ou sa thérapeute. On doit lui faire confiance à 100 %. Ce n'était pas mon cas et cette thérapie m'a grandement déçu. Elle ne m'a rien appris que je ne savais déjà. Et ce qu'il m'a révélé correspondait presque mots à mots à ce que je venais de lui dire. De plus, il ne me laissait jamais parler et lorsque je voulais parler, je devais lui couper la parole. Ce n'est pas normal. Ça ne devrait pas être comme ça. J'enregistre ce conseil. Ne pas faire confiance à n'importe qui. Un bon thérapeute ne se sentira aucunement offusqué si vous décidez, en cours de thérapie, de changer de thérapeute. Alors, n'hésitez pas.

Pour ma part, mon état général se détériore. Je subis toujours des hauts et des bas. Des hauts de plus en plus hauts et des bas de plus en plus bas. Pour tenter d'amoindrir ces sauts d'humeur, on ajuste encore ma médication. Et chaque fois que l'on touche au dosage de mes médicaments, je dois m'attendre à une hausse des effets secondaires. Ils sont nombreux les effets secondaires. Et ils s'ajoutent aux symptômes déjà très désagréables de la dépression. En fait, je suis pris dans une spirale. Plus les effets secondaires sont élevés et plus on ajuste le dosage des médicaments. Plus on ajuste le dosage des médicaments et plus les effets secondaires sont élevés. Et comme si ce n'était pas suffisant, ces médicaments ralentissent mon métabolisme et augmentent de façon substantielle mon appétit. Quel en est le résultat? Une prise de poids dont je pourrais très bien me passer. Une prise de poids dont je n'ai pas besoin et qui fait en sorte que mes vêtements ne me font plus. Quel effet désastreux sur mon moral!!

Entre temps, je me suis mis à l'écriture d'un blogue. Je mets par écrit mes pensées, mes sentiments. Tout ce qui me passe par la tête en lien avec ma dépression. C'est un peu les mémoires de ce que je vis en ce moment. Et ça me fait du bien. J'ai publié déjà quelques textes et l'effet est bon. Je n'ai pas peur ni honte de dire au monde entier que je souffre de dépression. Bien au contraire. De le dire tout haut me fait du bien. Et de voir tous ces gens qui me lisent, me supportent, m'encouragent, m'aide énormément à passer à travers les journées difficiles. Écrire fait du bien. Être lu est encore mieux.

# Chapitre 4
## Le mirage

14 mars 2012

J'ai touché le fond et j'y suis resté un bon moment. Ce n'est pas agréable d'y être, mais bon, il y a quand même des choses pires que ça. Je ne sais pas quoi, mais je sais qu'il y en a. Je me sens comme une goutte d'eau dans une rivière tourmentée. Je me suis fait entraîner par la force des rapides que je me croyais capable de surmonter. Après ce fut la chute. Une chute vertigineuse. Maintenant, je me trouve au bas de la chute. Dans ce remous qui bouge et qui demande une énergie incroyable pour s'en sortir. Et je n'ai pas encore cette énergie. J'attends mon tour pour sortir de ce remous. Je fais du surplace en attendant de reprendre le cours tranquille de la rivière. Une rivière que je ne connais pas et qui m'amènera je ne sais où.

En attendant, ma vie est encore parsemée de hauts et de bas. Les hauts durent de plus en plus longtemps. Les bas sont de plus en plus cruels. C'est ça la dépression. Cette maladie est très sournoise. Elle nous laisse croire que nous sommes en train de nous en sortir. Mais elle attend, tapie dans l'ombre tel un fauve pour surgir et nous assaillir juste au moment où l'on croyait qu'on allait s'en sortir. Juste au moment où l'on pense que le soleil commence à luire enfin, on se rend compte que ce n'est qu'un mirage. Bien sûr quand je suis au plus haut, j'en profite pour sortir et voir du monde. À ce moment-là, on se sent très bien. On sent qu'on est capable de changer le monde ou de le transporter sur nos épaules. Mais il y a un envers de médaille, un effet pervers sur la perception que les autres ont de nous : la fausse impression que les gens ont que je vais bien. Quand je suis en haut de mon cycle infernal, tous ceux que je croise me disent : « Tu as l'air mieux ». Et quand j'essaie de leur expliquer qu'aujourd'hui je vais mieux, mais que demain est une autre histoire, ils me regardent d'un air sceptique. Comme si je mentais sur ma condition. Comme si tout à coup, j'étais devenu un tricheur. C'est que ces gens ne m'ont jamais vu quand je suis au plus bas. Car au plus bas, je reste à la maison, je ne sors pas. Je ne veux pas voir de monde. Encore moins leur téléphoner. Je ne veux pas que qui que ce soit vienne chez moi. Je m'enferme dans ma bulle, enroulé dans ma doudou, à regarder la télévision. Et même la télévision, je peine à l'endurer.

Et là, je ne parle même pas de ma concentration. Qui est tout compte fait pratiquement inexistante. Toujours perdu, toujours en train d'oublier des choses. Toujours en train de me demander ce que j'allais faire. C'est vraiment déroutant. Comment regarder un film lorsqu'on n'est pas concentré? Quelqu'un a un truc? À part bien sûr le bouton pour reculer. Ce cher bouton, je m'en sers à profusion. Je regarde dix minutes de film, recule le film, regarde quinze minutes de film, recule le film. À ce rythme, un film de deux heures me prend plus de trois heures à regarder. Bien sûr, si je ne m'endors pas en le regardant.

Pas facile de ne pas s'endormir le jour lorsqu'on dort seulement deux ou trois heures la nuit. J'ai recommencé à faire de l'insomnie. Eh oui. Malgré la médication qui est censée me faire dormir comme un bébé (ça dort un bébé??), mon corps manque cruellement de sommeil. Les médicaments ne font plus l'effet qu'ils sont censés faire. Et quand je dors, quand enfin je réussis ce tour de force qu'est dormir, ce n'est que pour faire des cauchemars. Des cauchemars où se mêlent le passé, le présent et l'avenir. Je rêve de choses présentes, mais auxquelles se mélangent des acteurs du passé. Bizarre. Je ne sais pas ce que cela veut dire. Je ne sais pas comment les interpréter. Mais tous ces cauchemars me font réfléchir. Ceux qui ne croient pas qu'un petit hamster dans notre cerveau fait tourner nos pensées et bien croyez-le, il existe. J'essaie de l'étrangler depuis quelques semaines, mais il a la couenne dure. Je voudrais l'apaiser, mais il résiste. Lui non plus n'a pas sommeil. Lui non plus ne veut pas se reposer. Il n'a pas le temps. Il doit courir. Courir pour faire défiler mes pensées et me les remettre toujours au premier plan. Je n'ai jamais autant détesté un animal. Je ne sais pas pourquoi on pense que c'est un hamster. Peut-être à cause de la roue. La roue dans laquelle on met le hamster et qui tourne, tourne, tourne sans arrêt en n'allant nulle part. Et le petit hamster est fatigué de tous ces efforts. Il est épuisé, mais il n'a pas bougé d'un seul millimètre.

En parlant avec une amie, une idée me vient à l'esprit. Étant donné que je me sens totalement inutile, et ce, depuis de nombreuses années, il y aurait peut-être moyen de faire quelque chose qui pourrait faire du bien aux autres et à moi en même temps. Du bénévolat. Pourquoi n'y ai-je pas pensé plus tôt? Je n'ai jamais fait de bénévolat. Pour moi, ça ne donne rien. Les gens pauvres sont pauvres parce qu'ils le veulent bien. Et pourquoi donnerais-je de mon temps si précieux? Pour me faire du bien. Pour me rendre utile.

Une amie travaille à la Maison de la Famille. Ils ont besoin de bénévoles. Le mardi, il y a une halte-garderie. Des enfants la fréquentent un jour par semaine. Le contact des enfants pourra-t-il me faire du bien, me remonter le moral qui se trouve quelque part enfoui dans mes talons? Le mardi suivant, je pars donc pour la Maison de la famille. Armé de mon expérience, j'ai quand même eu deux filles, je frappe à la porte de la halte-garderie. Mon amie vient m'ouvrir, j'entre et un silence total remplit la pièce. Mon amie me présente aux enfants, froid total. Je m'assois par terre et je me mets à jouer, un enfant vient me voir et bientôt je les aurai tous sur le dos. La glace est brisée. Plusieurs semaines de jeu avec les enfants suivront et à chacune de ces semaines, je retournerai chez moi épuisé, mais heureux. Heureux de tout l'amour et l'affection que les enfants me donnent. Heureux de ne pas subir leur jugement, car à cet âge, les enfants ne jugent pas. Pour eux, je ne suis qu'un adulte comme les autres. Un peu différent, mais très semblable. Pour eux, je ne suis pas malade. Je ne suis pas en dépression. Ils m'aiment, c'est tout. S'ils savaient seulement à quel point je me sens bien avec eux, à quel point ils me font du bien.

Voulant en faire un peu plus et aider des gens près de chez moi, je fouille sur internet pour trouver des organismes qui ont besoin de bénévoles. L'évidence me saute aux yeux : tous les organismes ont besoin de bénévoles. Je repère l'organisme Fin à la faim à Charlemagne. Leur mission : offrir du dépannage alimentaire. J'envoie un courriel à la directrice, je reçois une réponse deux jours plus tard. Ils me prennent, je n'ai qu'à me présenter le prochain jeudi à leur local. Ça y est, c'est aussi simple que ça. Je suis devenu bénévole. Je ne le sais pas encore à ce moment-là, mais ce sera le début de ma carrière de bénévole qui m'entraînera dans de folles aventures et qui me fera rencontrer plusieurs personnes intéressantes et attachantes.

Le jeudi suivant, je me présente comme prévu au local de Fin à la faim. Je suis accueilli à bras ouverts par la directrice. Ici non plus on ne juge pas. On prend les gens tels qu'ils sont. Elle me présente à tous les bénévoles, chacun a sa petite histoire (je le découvrirai au fil des semaines qui viendront). Curieusement, il y en a de tous les âges. Du plus jeune au plus vieux. Puis un camion arrive rempli de denrées alimentaires. On décharge le camion puis on place la marchandise sur les tables. Le tout se fait dans la bonne humeur et les chansons. Plusieurs fois dans la matinée, ce camion viendra porter son lot de denrées et de surprises. Lorsque toute la marchandise est placée, c'est l'heure du dîner. Tout le monde s'installe et mange. Les conversations vont bon train. Je me sens bien dans ce groupe. C'est comme si je les avais toujours connus. Le temps de dîner est maintenant terminé, il faut vite retourner travailler, car les bénéficiaires vont bientôt entrer et faire le plein de denrées qui aideront, j'en suis sûr à soulager leur faim. Je m'en retourne donc chez moi, heureux et à la fois épuisé de ma journée. J'arrive chez moi, une douche s'impose, puis vient la sieste. Une sieste paisible et réparatrice. Je m'endors avec l'impression qu'aujourd'hui, j'ai été utile et que j'ai fait, d'une certaine façon, une différence dans la vie de quelqu'un.

Ma première semaine de bénévolat se passe bien et je n'ai pas le temps de penser à la dépression. Pourtant elle est toujours là. Tapie dans l'ombre tel un félin sauvage, elle attend le meilleur moment pour m'assaillir. Celui-ci se produit durant la journée du samedi suivant. Sans que je m'y attende, cette foutue maladie reprend ses droits et me frappe de plein fouet.

Après plus d'une semaine avec le moral au beau fixe, voici que depuis cette semaine, il se retrouve encore à son plus bas. Et l'angoisse, que dire de l'angoisse. Elle ne me lâche jamais. Et elle n'arrive jamais seule, toujours accompagnée de ces sueurs, ces battements de cœur plus rapides et irréguliers et la maudite impression que quelque chose de grave va m'arriver. Je suis découragé. Alors que je croyais ne plus en avoir besoin, j'appelle une psychologue (référée par mon médecin) pour prendre un rendez-vous.

# Chapitre 5
## La girouette

26 mars 2012

On sait tous ce qu'est une girouette. Wikipédia nous dit qu'une girouette est un dispositif généralement métallique, la plupart du temps installé sur un toit, constitué d'un élément rotatif monté sur un axe vertical fixe. Sa fonction est de montrer la provenance du vent ainsi que, contrairement à la manche à air, son origine cardinale. Qu'est-ce que ça vient faire dans ce livre? Wikipédia nous dit qu'une girouette est aussi une personne qui change très souvent d'avis. Le lien commence à se faire? Eh oui, voilà, je suis une girouette! Voilà ce que la dépression a fait de moi. Quelqu'un incapable de prendre une décision. En fait, je suis capable de prendre une décision, mais incapable de m'en tenir à celle-ci. Je suis incapable de distinguer ce qui est bien ou mal pour moi. J'erre au gré des vents. Me laissant emporter dans une direction jusqu'à ce qu'un vent contraire m'envoie dans une direction totalement opposée. Telle une girouette. Oups, je tourne en rond. Parfois, je change rapidement d'idée et même plusieurs fois dans une journée. Parfois, c'est plus long. Ma décision tient le coup plus longtemps, mais le résultat finit toujours par être le même, celui que même les machines les plus sophistiquées n'arrivent pas à prévoir. Je suis comme un bateau. Un bateau sans gouvernail, un humain sans repères. Un humain qui, chaque jour, se demande quoi faire, quoi dire, où aller. Je ne sais pas, je ne sais plus. Je crois que je suis perdu. Non, je ne crois pas. Je suis perdu. À moins que...

Si seulement mes hésitations et mes changements de direction n'affectaient que moi, ce serait un moindre mal. Mais non. Ce serait trop beau, trop facile. Il y a d'autres personnes dans mon entourage qui, malheureusement, en subissent aussi les conséquences. Les conséquences de mes indécisions, de mes hésitations, de mes changements de direction. Et ceci fait en sorte que lorsque je blesse d'autres personnes, je m'inflige aussi de profondes blessures morales et psychologiques. Pourtant ce sont des gens que j'aime et que j'apprécie au plus haut point. Des gens qui, pour la plupart, ne m'ont rien fait. Des gens qui n'ont certainement pas mérité ce qui leur arrive. Des gens qui ont simplement eu le malheur de se retrouver sur mon chemin, sur le chemin de quelqu'un qui ne sait plus où il s'en va. Sur le chemin d'une girouette. Dites-vous qu'en ma présence tout peut arriver. Et si jamais votre chemin croise le mien, ceux qui désirent rester, ce sera un immense plaisir pour moi. Pour les autres, « fuyez pauvres fous pendant qu'il en est encore temps ». À ceux qui restent, j'aurais presque envie de vous donner un conseil cependant : protégez-vous et ne vous fiez pas à ce que je dis ou pense aujourd'hui. Car demain il peut en être tout autrement.

Que vais-je faire? Où dois-je aller? Que dois-je choisir? Des questions qui restent sans réponses, car lorsque je me risque à y répondre, c'est pour changer d'idée peu après. Pour revenir en arrière sur ce que j'ai dit. Pour ajouter à la confusion. Pour ajouter à la frustration des autres. Le problème, c'est que les autres ne voient pas ou ne comprennent pas mon état. Je ne suis pas dans un état normal. Je ne suis pas dans un état pour prendre des décisions. On dirait que mon jugement et ma capacité de réfléchir ont quitté mon corps. Ou se sont endormis quelque part au fond de moi.

Si les gens comprenaient un tant soit peu ce qui se passe en moi, je ne serais pas obligé de prendre des décisions que je ne suis pas obligé de prendre immédiatement. Des décisions que je pourrais reporter à plus tard, quand je serai redevenu fonctionnel. Quand je serai redevenu moi, le moi que je connais. Si ça m'arrive un jour. Car quelques fois, j'ai peur. J'ai peur de ne jamais redevenir celui que j'étais avant. Avant que je ne heurte ce mur et que tout en dedans se détraque. Avant que je me perde dans les dédales de mon propre cerveau.

Parlant de perdu dans mon cerveau... aujourd'hui nous avons toutes sortes d'appareils électroniques, d'applications et de logiciels qui nous permettent de retrouver notre chemin et ce, peu importe où on se trouve sur le globe. On appelle ça un GPS, un Blackberry Traffic, un Google Maps et j'en passe. La planète terre est répertoriée, cartographiée dans ses moindres recoins. C'est grand la terre!! Et pourtant, aucun coin ne nous échappe. Des applications sur nos ordinateurs savent exactement combien de kilomètres nous aurons à nager pour traverser le Pacifique afin de nous rendre de Vancouver à Tokyo. « Dans 150 mètres, tournez à gauche », me dit la dame cachée dans mon GPS. Cette dame ne connait rien de la ville où je vis. Pourtant, elle sait exactement où je suis et les routes que je dois emprunter pour me rendre du point A au point B. Et ce, peu importe où le point A et le point B se trouvent. Moi je suis perdu dans le dédale de mon cerveau. Dans cette boule infiniment plus petite que la terre, aucun GPS ne peut me donner la direction que je dois prendre. Aucune dame cachée dans mon cerveau ne peut me dire où aller, quoi faire, quoi décider.

Je m'en remets donc à moi-même pour essayer de me retrouver. C'est-à-dire pas grand-chose. Je fais des essais, je fais des erreurs. Malheureusement pour certains, la situation est intolérable. Mais je n'y peux rien. Je ne fais pas exprès. Les choses sont comme elles sont. Pour le meilleur ou pour le pire. Ma psychologue m'a remis un carton sur lequel est écrit cette pensée, ce proverbe zen : « Si tu comprends, les choses sont comme elles sont. Si tu ne comprends pas, les choses sont comme elles sont ». J'essaie de m'habituer à ne pas toujours comprendre les choses, car parfois elles sont incompréhensibles. Et au fond, comprendre ne change pas grand-chose. Sauf peut-être, à se rassurer soi-même.

En passant, mes rendez-vous chez la psychologue me font du bien aussi. Je me découvre. Je trouve en moi des choses profondément enfouies et qui me font mal. Bien inconsciemment. Très mal même. Des choses par rapport auxquelles j'ai des réactions qui dictent mon comportement parfois. Et ces réactions sont douloureuses... oh que oui.

# Chapitre 6
## Le château de cartes

14 avril 2012

Maudite maladie. Je te hais. Voilà, je l'ai dit. Je hais cette maladie, car elle a toujours le don de refaire surface au mauvais moment, au moment où l'on s'y attend le moins. Quoique je me dise qu'il n'y a jamais de bons moments pour qu'elle refasse surface. Hypocrite?? Oui, elle l'est sûrement. Car, voyez-vous, elle a plus d'un tour dans son sac. En fait, elle a toujours quelque chose qui nous surprend. Caché quelque part. Une surprise. Et la surprise n'est jamais bonne. Comme une tempête de neige au mois de mai, alors que nous avons remisé tuques et foulards, bottes et manteaux. Une tempête de neige au mois de mai c'est une surprise, c'est sûr. Est-elle bonne cette surprise?? J'en doute. Pour certains, oui. Pour d'autres, non. Mais voilà, alors que je m'y attendais le moins, je plonge à nouveau. Je replonge au fond du baril. Cela m'apprendra à vouloir être trop sûr de moi. Il y a des gens pour qui les certitudes ne sont jamais rien d'autre que des incertitudes. Je crois que j'en fais partie. Tout comme je suis sûr que certaines des bonnes choses de la vie ne sont pas faites pour moi. Mais j'y ai cru à ces certitudes, j'y croyais tellement que je m'en étais fait un château. Et bien, il s'agissait en fait d'un château de cartes. Et l'on sait tous à quel point c'est fragile un château de cartes. Très fragile. On cligne de l'œil et il s'écroule. On respire et il s'écroule. On ne fait rien et il s'écroule.

Depuis quelques jours, tout allait bien pour moi. Le moral au beau fixe, j'avais même l'impression que je remontais la pente. J'avais beaucoup de projets dans la tête. La girouette s'était trouvé une direction et ne semblait pas vouloir en changer. Mais parfois, il ne suffit pas de grand-chose pour que tout s'écroule. Un petit vent contraire a tout changé et le château de cartes s'est écroulé. Un coup porté alors que j'étais vulnérable. Alors que je m'étais ouvert aux autres, à une personne en qui j'avais confiance. Retour à la case départ. Tout cela à cause d'une opinion. D'une mauvaise opinion en fait. Tout cela parce que des gens sont persuadés que le passé est garant de l'avenir. Que des gens sont persuadés que l'on ne peut pas s'améliorer, peu importe le cheminement qu'on fait. Je ne rentrerai pas dans les détails de ce qui s'est passé. C'est quelque chose que je préfère garder pour moi, car c'est trop personnel. Il y a une limite à se dévoiler.

Ce qui est arrivé m'a par contre beaucoup ébranlé. La confiance en moi dont je faisais preuve depuis quelques jours s'est effacée et a fait de nouveau, place aux doutes. Qui suis-je?? Une bonne personne?? Une mauvaise personne?? Un poison?? Quelqu'un qui répand le bien?? Ou le mal?? Fini. La confiance en moi s'est envolée. Le château de cartes s'est effondré et je dois maintenant essayer de le rebâtir. Mais je ne sais pas trop sur quoi. Qu'est-ce qui peut bien m'aider à reconstruire? Qu'est-ce qui peut bien m'aider à me motiver? Je ne sais pas. Je ne trouve pas. Une chose est sûre, je suis tanné. Je suis découragé. Je ne sais pas comment m'y prendre ni par où commencer.

Parfois, j'ai vraiment le goût de baisser les bras et de tout abandonner. Qu'est-ce que ça donne? Pourquoi continuer? Pour qui? Le découragement me gagne, mon courage m'abandonne. Plus le goût de me battre, de résister. Tout ceci ne vaut pas la peine… Je n'ai plus de vie à proprement dit. Entre les rendez-vous chez le médecin, les séances chez la psychologue, les éternels allers-retours entre la pharmacie et chez moi, j'ai l'impression de ne rien faire, de passer mon temps à me morfondre, d'écouler du temps.

# Chapitre 7
## Le temps et autres machins

18 mai 2012

Notion importante s'il en est une, le temps. Et en dépression, cette notion prend vraiment tout son sens. On dit que le temps arrange les choses. Je le sais, pas une semaine ne se passe sans que j'entende ce cliché sorti de la bouche de quelqu'un. Un ami, un parent, un proche, une connaissance, tous ont cette phrase à la bouche. Il y en a qui me le disent par expérience, d'autres me le disent parce qu'ils ne savent pas quoi me dire d'autre. Mais ils ont tous raison.

Pourtant, lorsqu'on est en dépression, c'est la pire des phrases à entendre. Honnêtement, je déteste cette phrase maintenant et je jure que je ne la dirai plus jamais à personne. Malgré cela, je sais qu'ils ont raison. Je sais que dans mon cas le temps finira par tout arranger. Mais voilà.... JE SUIS TANNÉ! Je suis tanné d'attendre. D'attendre que le temps fasse son œuvre. Je suis impatient. Très impatient. Le temps ne va pas assez vite pour moi. Le temps ne se presse pas assez pour arranger les choses. Moi je veux être mieux. Je veux me sentir bien. Je veux recommencer mes activités. Je veux avoir une vie normale. Mais je veux ça tout de suite!!! Je n'ai pas de temps à perdre. Pas dans deux mois, six mois, un an..... non tout de suite! Et ça presse, car l'impatience commence à me gagner. J'ai une urgence de vivre qui me fait détester la perte de temps.

C'est là qu'intervient une autre notion très importante en dépression. La patience. Et si le temps arrange les choses, la patience nous aide à passer à travers, le temps que le temps fasse ce qu'il a à faire. Mais de la patience, il faut en avoir. Ça ne s'achète pas dans tous les bons magasins. Ni dans une infopub. *« Procurez-vous un sac de patience pour 3 paiements faciles de 19,95 $. Et si vous appelez tout de suite on vous en donne un deuxième gratuitement. Vous ne payez que les frais de port et de manutention ».* Ce serait beaucoup trop simple. Mais non ça ne s'achète pas. Alors en plus d'en vouloir au temps de ne pas être assez vite, on en veut à je ne sais trop qui de ne pas nous avoir donné assez de patience. Mais voilà, la vie est bien faite, car curieusement je constate que la patience se développe. Et que grâce à cette patience nouvellement acquise, on apprend par la suite à reconnaître le moindre de nos progrès, aussi petit soit-il.

Actuellement, je suis dans une pente ascendante. J'ai encore des hauts et des bas. Mais au final, mon moral s'améliore. Mon énergie par contre, ainsi que ma concentration, ne s'améliorent pas du tout. J'ai déjà oublié par quoi commençait ce chapitre. Mais la patience, quand on apprend à s'en servir, me fait voir que mon cas n'est pas exceptionnel, car le temps commence à faire son œuvre.

Pendant que je suis dans une bonne passe, j'en profite pour remercier toutes les personnes dans mon entourage qui m'écrivent des commentaires, m'envoient des mots d'encouragement, me supportent et lisent mon blogue. Cela me fait beaucoup de bien. Et j'apprécie énormément toute l'énergie qui m'est envoyée. Je remercie tout particulièrement mes très proches amis Nancy et Dom qui m'endurent depuis des semaines dans tous mes moments de hauts et de bas, de découragement, de remontée, de frustration, et ce, depuis des mois. Nancy et Dom, je vous aime, je ne sais pas où je serais sans vous.

Être bien entouré est aussi très important en dépression. Les amis, les proches, la famille. Tous ceux qui sont susceptibles de nous faire du bien sont les bienvenus. Ils nous aident à traverser les moments difficiles et ne nous abandonnent pas lorsque tout semble facile. La facilité nous semble une illusion. Une fausse impression que tout va bien et que tout continuera à bien aller. Il est important que nos proches nous surveillent même pendant les moments faciles, car on ne sait jamais quand nous allons retomber.

Je n'en parle pas beaucoup, mais les rencontres avec ma psychologue me font énormément de bien. À chaque séance, j'en apprends beaucoup sur moi. Sur ce qui m'a amené là. La raison pour laquelle je n'en parle pas est que le contenu de ces rencontres est vraiment très confidentiel et très personnel. Il est important pour moi de garder en tête les raisons qui font que j'écris ce livre. Je le fais dans le seul but d'aider des gens qui, tout comme moi, font face à cette maladie. C'est mon souhait le plus cher.

# Chapitre 8
## La reconstruction

21 juillet 2012

Construire, démolir, reconstruire. Débuter, me tromper, effacer, recommencer. À gauche, non à droite, non finalement ce sera à gauche. Voilà, je suis dans une période de reconstruction. J'ai peur et ça va de soi. Peur de me tromper. Peur de m'égarer à nouveau. Peur de revenir à la case de départ. La tempête est passée maintenant, enfin je l'espère, et l'on ramasse les dégâts. Et ils sont considérables ces dégâts. C'est presque décourageant. On reconstruit sur des ruines avec les débris ramassés çà et là, que l'on peut récupérer et l'on prend du neuf lorsque les débris sont irrécupérables. Parfois, la pièce neuve est identique à celle qui est brisée. Parfois, elle est complètement différente, améliorée. Avec tous les morceaux, je crée du nouveau.

Tout ceci représente un travail colossal alors je dois prioriser. Je ne peux pas tout refaire en même temps. On y va avec ce qui presse le plus. Le reste pourra attendre, mais il aura son tour. Je me rebâtis, je me refais une vie. C'est un long processus. Ça prend du temps et de la patience (tiens, encore une fois, décidément j'y reviens toujours). Je fais des erreurs, je les corrige. Mais je suis persuadé que je vais y arriver, car maintenant j'ai confiance en moi. Une confiance difficile à développer, mais je crois que j'y suis arrivé. Je dois faire attention, car cette confiance est fragile. Très fragile. Et ça ne prendrait pas grand-chose pour que tout s'écrase de nouveau. Pour que j'aie à recommencer ce que je viens de construire. Pourtant, malgré mes pensées quelques fois pessimistes, je crois que mon avenir sera différent. Et, je l'espère meilleur. Après tout ce travail sur soi, on ne peut pas faire autrement que mieux se connaître. De mieux savoir où on veut aller. De mieux savoir ce qu'on rejette autant que ce qu'on accepte. J'y travaille beaucoup en tout cas. Sans relâche. Je ne veux plus jamais revivre un autre épisode de dépression. C'est trop difficile. Trop pénible. Trop souffrant. Mais l'angoisse me prend parfois encore, car comment savoir si j'ai tout appris ce que j'avais à apprendre? Comment savoir que je ne retomberai plus dans cette voie? Cette voie qui m'a mené au bord du précipice? Ces pensées me font prendre conscience que tout est fragile et que je dois travailler fort afin de tout solidifier. Afin de m'assurer que je ne repasserai pas au travers d'une autre dépression majeure. Mais comment savoir si ce que je fais est la bonne chose à faire? Le demander aux autres? Non, je crois que le cheminement d'une personne est unique, car il est composé des expériences passées. De ce qu'on a vécu, des personnes qui ont croisé notre route et qui ont laissé leur marque dans notre vie. Il y a donc un nombre infini de possibilités. Comment quelqu'un qui n'a pas mon vécu pourrait-il m'aider à faire ce que j'ai à faire? Je ne sais pas. Alors je me remets au travail à nouveau et je continue de me tracer une voie. De me tracer ma voie.

Parfois, je me permets de me reposer. Je regarde le travail que j'ai accompli. Et je suis fier. Fier du chemin que j'ai parcouru jusqu'à présent. Tout n'est pas parfait il va sans dire. Mais tout est à mon goût. Tout est comme JE veux que ce soit. Je m'écoute beaucoup plus maintenant, je définis mes besoins et je trouve que ce que j'ai à dire a beaucoup de sens. Certaines personnes ne seront pas d'accord, mais c'est ma vie. Et l'opinion des autres, quoiqu'encore très importante à mes yeux, ne fait plus en sorte que je doute de moi. Ne fait plus en sorte que je me remets en question. Ne fait plus en sorte que je reviens systématiquement sur mes décisions. J'ai maintenant décidé de me faire confiance et de me respecter. Je prends la destinée de ma vie en main. Et c'est moi qui dirige.

Voilà, je suis entré de plain-pied dans cette phase de reconstruction. Elle est en cours!!!! Sûrement, je ferai encore des erreurs. Sûrement, ce sera difficile. Et parfois, ce l'est réellement. « Personne n'a dit que ce serait facile, mais personne n'a dit non plus que ce serait aussi difficile ». Quand on a passé sa vie à laisser les autres décider à sa place, ça devient difficile de se faire respecter, mais ça fait partie de la reconstruction. Les gens autour de moi sont surpris. Moi qui ai toujours dit oui, je me mets à dire non. Je refuse des demandes d'aide. Je refuse des invitations. Je dis non, non quand je n'ai pas le goût. Non quand je n'ai pas la force. Non quand ça ne me tente pas. C'est tout un changement pour les autres, car ils ne sont pas habitués. Je ne suis pas de mauvaise humeur. Je ne suis pas dans une mauvaise passe. Je pense à moi.

Ce que j'ai rarement fait auparavant. C'est sûr, parfois je trébuche. Mais au moins, j'avance. J'avance à petits pas. Lentement mais sûrement. Et tous mes pas sont calculés, sécurisés. J'avance, guidé par la lueur que je vois au bout du tunnel. Et même si parfois cette petite lueur vacille, je ne la perds pas des yeux, je ne la laisse pas s'éteindre. Et si je regarde en arrière maintenant, ce n'est pas pour regretter ce que j'ai fait, c'est plutôt pour mieux aller de l'avant.

# Chapitre 9
## Le retour

29 août 2012

Non, ce n'est pas une reprise du téléroman du même nom qui a tenu l'antenne voilà plus de dix ans à la télévision québécoise. Ce n'est pas non plus le titre d'un nouveau film, ni d'un nouveau roman. Non Guy Lafleur ne sortira pas non plus de sa retraite, et ce même si parfois je crois qu'il pourrait encore aider cette équipe qui manque parfois de cœur et sûrement de talent. Il s'agit en fait du mien. De mon retour. En fait, après une absence de presque dix mois, je suis de retour dans ma propre vie. Ça me fait du bien croyez-moi. Un immense bien. Après de nombreuses fois où j'ai douté que je sois de retour. Après être descendu au fond du baril. Mon retour est vraiment comme un vent de fraîcheur, une bonne brise après une journée de canicule, un grand verre d'eau après un entraînement intense.

Pourtant, cela ne veut pas dire que je suis devenu sûr de moi-même. Oh que non! L'imminence de mon retour au travail amène avec lui son lot d'angoisse, son lot de questions, son lot de doutes. La question qui me revient le plus souvent est la suivante : est-ce que je reviens trop vite? Est-ce que je reviens pour les bonnes raisons? C'est sûr, le côté financier est très important. Ça fait mal la dépression, mais ça coûte cher aussi. Avec mes deux filles au collège privé, une maison et une voiture à payer et tous les autres frais possibles et imaginables, ai-je les moyens d'être en dépression? Ce n'est pas donné à tout le monde. Mon retour au travail est-il dû au fait que je me sens vraiment mieux? Où est-ce parce que je reçois juste un certain pourcentage de mon salaire? J'ai tellement de raisons de faire de l'angoisse que malgré le fait que je prends des pilules, j'angoisse à nouveau.

Une autre source d'angoisse est mon retour dans mon milieu de travail. Idéalement, j'aurais aimé mieux ne jamais retourner dans cet environnement. Retourner dans le même environnement que celui qui m'a vu couler n'est pas sans m'inquiéter. Retrouver mon travail si stressant et si épuisant. Retrouver mes collègues de travail. Comment vont-ils réagir? Vont-ils me juger, me regarder comme si j'étais le maillon faible de la chaîne? Vont-ils faire comme s'ils avaient pitié de moi? Vont-ils s'apitoyer sur mon sort alors que c'est la dernière chose que je veux? Et mes patrons, vont-ils me faire confiance à nouveau? Après tout, je ne suis peut-être pas capable de supporter la pression. Peut-être est-ce vrai que je suis faible. Peut-être est-ce vrai que je m'effondre lorsque ça bouillonne trop. Je ne sais pas.

Et comme si tout ceci n'était pas assez, je sens mon cerveau très engourdi comme si je n'étais plus capable de réfléchir. Moi qui, en milieu de travail, ai toujours été reconnu comme une personne avec une capacité d'analyse exceptionnelle, que vais-je faire sans cet outil indispensable à ma réussite? Je me sens comme un menuisier sans son marteau, comme un joueur de piano sans ses doigts. Il faut bien le dire, même si je suis prêt à un retour, il reste que je ne suis encore qu'à 60 % de moi-même. 60 % de celui que j'ai déjà été. Est-ce assez? Suis-je dur avec moi-même? Au fond, je ne crois pas que mes collègues de travail s'attendent à ce que je sois à 100 %, mais j'aimerais bien leur prouver que je suis capable de fonctionner à nouveau. Je suis orgueilleux et le fait de ne pas me sentir à la hauteur pourrait faire en sorte que je retourne dans le même trou noir dont je viens à peine de me sortir. En plus, il ne faut pas se le cacher, ce fameux 60 % est attribuable en grande partie à la médication que je dois prendre. Qu'est-ce qui arrivera lorsque j'arrêterai de la prendre? Pour me rassurer, je tente quelques exercices de concentration et d'analyse. Peine perdue, je n'y arrive pas. Je perds les pédales et je repars dans une autre crise d'anxiété qui me tue. Qui gruge toute mon énergie. Vais-je rechuter?? Je ne sais pas, j'espère que non. C'est tout ce que je peux faire, espérer.

Ce qui me rassure, c'est que je retourne dans cet environne-ment avec une autre vision des choses. Pendant ces mois, j'ai appris à me respecter, j'ai appris à m'écouter, j'ai appris à me faire confiance. Je ne suis plus tout à fait le même et c'est tout à mon avantage. Sauf que ce que j'ai appris, je n'ai jamais eu l'occasion encore de le mettre sérieusement en pratique. Quelle sera ma réaction lorsque pour la première fois, j'aurai à dire non à une tâche que je ne suis pas capable de faire? Soit par manque de connaissance ou par manque de temps. Quelle sera la réaction des autres (patron inclus) lorsque je leur dirai non pour la première fois? Seront-ils surpris, contents, fâchés? Je ne sais que penser. Ce n'est pas facile et les préjugés en milieu de travail sont tenaces. Même si les entreprises mettent sur pied des programmes de réinsertion pour faciliter le retour au travail et même si les entreprises sensibilisent les gens, il demeure que dans l'esprit de certaines personnes, les préjugés et les fausses croyances tiennent bon. J'ai un aveu à vous faire. Je faisais partie de ces personnes qui ont des préjugés par rapport à la dépression. Je croyais toutes sortes de choses à propos des maladies mentales et surtout, à propos des personnes qui en souffrent. Il aura fallu que j'en sois moi-même victime pour passer outre à ces préjugés et me rendre compte qu'ils n'avaient pas leur raison d'être. Aujourd'hui, je sais. Je sais et je comprends. Je sais et je comprends parce que je l'ai vécu. Parce que je le vis.

Pour ce qui est de mon retour au travail, le mieux pour moi, je crois, serait d'attendre d'être dans cette situation pour voir ce qui va se passer. J'ai une manie de toujours vouloir anticiper ce qui n'arrivera probablement jamais? Je devrais d'ailleurs faire des films. Comme scénariste. Des films d'horreur même. Car j'ai une facilité à imaginer dans ma tête les pires scénarios d'horreur. Mais cette fois-ci, ce sera différent. Cette fois-ci, j'essaierai de ne pas penser au pire. Non ce sera juste bon. J'essaie donc d'entrevoir ce retour dans cet environnement d'un très bon œil malgré mes peurs et mes craintes.

Une chose est sûre cependant. La longue inactivité n'est pas faite pour moi. Je m'ennuie continuellement à la maison et j'ai besoin de faire du social un peu. Et puis, j'ai hâte de retourner au travail. Non pas pour travailler, mais bien pour revoir mes collègues de travail. Même si je crains leurs réactions. Même si j'ai peur et que je m'inquiète de ce qu'ils vont penser de moi. Pendant cette pause, même si je me suis impliqué au dans le domaine communautaire, j'ai un peu vécu en marge de la société. En marge de ceux qui travaillent et qui gagnent leur vie. J'ai passé dix mois à recevoir une paie que je ne mérite pas. Quelque part, j'ai l'impression de frauder. D'être un Bougon, pour employer une expression québécoise. Et dans ma vie, je me suis fait un devoir de ne jamais rien obtenir sans avoir travaillé pour. Et depuis dix mois, je transgresse allègrement cette règle. De toute façon, bientôt je vais réintégrer cette société et j'ai hâte de la réintégrer. D'en faire partie. Ma vie repart de plus belle, avec plus d'expérience et un plus grand bagage. C'est reparti!!!!

# Chapitre 10
## La vie reprend son cours

2 octobre 2012

Et voilà, depuis presque un mois maintenant je suis retourné au travail. J'ai retrouvé ma vie d'avant ma dépression. En fait, presque ma vie d'avant, car j'ai maintenant le sentiment que plus rien ne sera comme avant. Donc je disais que j'ai retrouvé la partie de ma vie faite de courses contre la montre, d'une routine quelque peu monotone et du trafic plus qu'il n'en faut à Montréal. J'en suis déjà à ma cinquième semaine de travail et je dois déjà travailler quatre jours par semaine. Lorsqu'on est dix mois à l'écart de l'action, six petites semaines avant de se retrouver à temps plein c'est court... Très court. Je n'ai pas repris ma routine encore. Loin de là. Je ne sais pas non plus quand je vais me sentir de nouveau à l'aise dans cette routine.

Car cette routine ne me plait plus. En fait, je n'en veux plus. Durant ces dix mois passés à la maison, j'ai eu amplement le temps de penser. Penser à ce que j'aimerais faire, penser à ce que je veux faire. Et ma tête bourdonne de projets tous plus intéressants les uns que les autres. Mais pour amorcer tous ces projets, il me faut du temps. Et bien sûr, il faut aussi de l'argent. Et comme je ne suis pas millionnaire, je dois travailler et donc retourner exactement où j'étais. Mais tout ceci n'est que temporaire. Du moins je l'espère. J'espère que je trouverai un emploi qui correspond un peu plus à mes nouvelles aspirations. Je ne suis pas pressé de quitter mon emploi actuel, mais c'est ce que je vise à moyen terme.

Quoi qu'il en soit, la première semaine de mon retour au travail fut très intéressante, voire stimulante. Revoir mes collègues de travail m'a fait un très grand bien. Quoique je constate que pour eux, la vie a continué d'avancer et qu'ils se sont très bien débrouillés sans moi, qu'ils se sont habitués à mon absence! J'ai l'impression de les déranger, mais je les sens tout de même contents de me voir. Sans plus. Après ces retrouvailles quelque peu décevantes, car mes attentes étaient beaucoup plus élevées que ça, je retrouve mon bureau. Rien n'a changé, tout est resté à la même place. Les choses n'ont pas bougé. Je m'assois à mon bureau et les souvenirs de ma dernière journée au bureau, il y a de cela dix mois, me reviennent en tête comme si c'était hier. Mes yeux s'embuent. Décidément, ce ne sera pas facile. En fait, comme j'ai l'habitude de dire dernièrement, « personne n'a dit que ce serait facile, mais personne n'a dit non plus que ce serait aussi difficile ». Mais je ne dois pas penser à ça. Je tourne la page sur le passé et j'essaie de recommencer à neuf. Je dois prendre les jours un à la fois. Je dois prendre les choses comme elles viennent. Sinon, l'angoisse risque de m'assaillir une fois de plus. J'allume mon ordinateur et je commence à regarder mes courriels. La plupart ne sont plus d'actualité. J'en ai beaucoup. Ça prendra le temps qu'il faut.

Les autres journées se déroulent mieux. On n'a pas le choix. Une fois le choc du retour absorbé, on doit reprendre notre routine. Métro, boulot, dodo. Dans mon cas, c'est autobus, boulot, dodo. Mais c'est du pareil au même. De la routine. Juste de la routine. Avoir son quotidien programmé d'avance. Savoir d'avance ce qu'on va faire et le faire parce qu'on est obligé. Sans qu'on en ait nécessairement le goût. Mais ne vous trompez pas, en revenant au bureau j'ai été affecté à un projet qui a l'air intéressant, du moins en apparence. Mais ce n'est pas contre ce que j'ai à faire que j'en ai. C'est contre la routine qui vient avec le travail. C'est sûr cette routine est le lot quotidien de milliers de gens pour qui travailler sert à pouvoir obtenir l'argent dont ils ont besoin pour faire des choses intéressantes. Pour s'échapper de cette routine. Sur ce point, je ne suis pas différent de personne d'autre. Mais pour moi, maintenant ce n'est plus assez et bien que dernièrement ma vie personnelle a pris un tournant très intéressant et malgré le fait qu'au travail je suis associé à un projet assez intéressant, j'ai besoin d'autre chose. Il me manque quelque chose.

Étouffé par la routine et la course contre la montre, je n'ai plus le temps de rêver. En dépression, j'avais tout le temps voulu pour penser à ce que je pourrais faire pour rendre cette vie moins routinière, plus intéressante. Maintenant que je suis pris dans la course effrénée qui vient de pair avec la routine, tous ces projets sont devenus moins prioritaires. Comment devrais-je faire pour retrouver ces rêves? Comment pourrais-je faire pour donner suite à ces rêves et éventuellement les mettre en place? Je n'arrive plus à y penser. Je n'arrive plus à rêver. La routine me pèse de plus en plus.

Mais je n'ai pas le choix. Je dois travailler. Comme tout le monde, j'ai des comptes à payer. Voilà qui me ramène à ma réalité. Une réalité vécue par beaucoup de gens.

J'ai envie de dormir, car je suis fatigué. J'ai envie de liberté. J'ai besoin de me sentir utile. J'ai besoin de m'affairer à quelque chose qui fait que j'apporte une différence dans ce monde. Voilà un problème que je n'ai jamais réglé. Je ne me sens pas utile actuellement dans ce que je fais. Je ne veux plus « routiner »!

De nos jours, le monde du travail est un monde difficile où il faut toujours être à son mieux, à la hauteur et le plus efficace possible. Il faut performer. Certains arrivent à tirer leur épingle du jeu et à bien s'en sortir. D'autres, comme moi, courent droit à l'épuisement. Et lorsque cela arrive, on n'a pas d'autres choix que de quitter le travail pour une période plus ou moins longue, en fonction du temps qu'il sera requis pour se remettre sur pieds. Si l'on quitte son emploi pour une période temporaire, on a, un jour ou l'autre, à subir l'angoissant moment de la réinsertion dans le milieu de travail. Les tabous et les préjugés sont encore très présents en milieu de travail où la dépression est souvent perçue comme une faiblesse, de la paresse ou de la complaisance. Et plus l'absence est longue, plus certains confrères risquent d'avoir subi les conséquences de l'absence créée par ce départ comme une augmentation de leur charge de travail. Ils pourraient donc être tentés de garder une certaine rancune envers la personne absente. Rien pour permettre une réintégration tout en douceur.

Pour mettre toutes les chances de son côté, il est essentiel que le repos soit complet. Certains facteurs (comme le facteur financier) peuvent faire en sorte que la réinsertion soit précipitée. Il faut donc être sûr lorsqu'on revient au travail qu'on est vraiment prêt pour ça. Il ne sert à rien de bousculer les choses, ni de nier son état. On doit prendre le temps qu'il faut pour récupérer et faire confiance aux indications de son médecin. Il ne faut surtout pas lui mentir, car ceci risque de rebondir un jour ou l'autre. Il ne faut surtout pas perdre ses bonnes habitudes acquises durant l'absence soit de bien manger, bien dormir, faire de l'exercice et surtout prendre ses médicaments. Il est aussi essentiel d'avoir fait le ménage du point de vue psychologique, car il faut bien avoir compris pourquoi on s'est retrouvé dans cette situation. Si ces conditions ne sont pas respectées, on risque très certainement de faire une rechute. Il ne faut pas oublier aussi de s'écouter, de se respecter et de se faire confiance. Car une personne qui souffre de dépression n'est pas une personne qui s'écoute trop, mais bien une personne qui ne s'écoute pas assez. Ce qui est important est que la personne doit se surveiller elle-même continuel-lement. Le moindre relâchement de la vigilance peut entraîner un retour dans les bons vieux modèles qui la ramèneraient directement en dépression, à son point de départ. Il ne faut pas avoir fait tout ce cheminement pour rien.

Si le travail effectué auparavant ne convient plus, il serait préférable de demander une mutation, un déplacement ou une révision du rôle joué et des responsabilités assumées. Si ce n'est pas le cas, ou si la mutation ou le déplacement ne sont pas possibles, il faut alors faire très attention, car le danger de rechute sera très grand. Il ne faut pas non plus tenir pour acquis que les collègues de travail seront nécessairement très heureux de votre retour. Certains seront contents, d'autres indifférents. Il est primordial de recréer les liens qui existaient avant le départ avec les collègues de travail, car peu importe la durée du congé, ces liens se seront défaits lors de l'absence.

Il faut prendre les choses avec un grain de sel. S'entourer de personnes qui font du bien et ne pas oublier de s'affirmer, de savoir dire non. Après tout, ce congé devra bien avoir servi à quelque chose.

# Chapitre 11
## La crainte de la rechute

16 novembre 2012

On m'avait dit que ça arriverait un jour. Bien voilà. Depuis quelques semaines, c'est ce que je ressens. La crainte de la rechute. La rechute de la dépression bien entendu. Cela fait maintenant un an que j'ai reçu mon diagnostic de dépression majeure et d'anxiété avec agoraphobie. Et malgré tout le chemin parcouru depuis, à l'approche de cette date anniversaire, je ne peux m'empêcher d'y penser. Et bien sûr, juste le fait d'y penser génère en moi de l'angoisse. De l'anxiété.

J'ai peur. J'ai vraiment peur de rechuter. Une peur paralysante qui m'empêche d'avancer. Une peur, fondée ou non, qui sape ma confiance en moi. Une peur qui vient de je ne sais trop où. Qui fait en sorte que je doute de moi, que je doute de mes moyens. Qui fait en sorte que certains symptômes refont surface. Des symptômes réels ou non. Des symptômes tellement puissants qu'ils me font croire que je suis peut-être revenu trop vite. Que peut-être je n'étais pas guéri complètement! Mais est-ce qu'on guérit vraiment de la dépression? Je ne sais pas trop. Je commence à en douter. Je crois qu'il reste toujours une partie de nous qui est fragile. Très fragile.

La peur de la rechute fait en sorte que je ne me lance plus comme avant. Professionnellement. J'ai peur de me péter la gueule. J'ai peur de trop m'investir dans des projets au bureau, de peur de replonger. De peur de reprendre la spirale infernale qui nous entraîne vers le bas, dans les bas fonds de nous même. Alors je demeure tiède.... beige. C'est vraiment difficile. Je ne suis pas quelqu'un de beige. Je suis plutôt coloré et les gens qui m'entourent peuvent très certainement en témoigner. Mais là, je suis de glace. Donnant l'impression que je me fiche de tout. Alors que ce n'est pas ça du tout. Donnant surtout l'impression que je suis au-dessus de tout. C'est une façade. Tout ceci n'est qu'une mascarade. Je fais semblant. J'appuie de toutes mes forces sur les freins de la voiture de ma vie. Je me retiens, je n'ose pas. Je fais du surplace. Préoccupé par le fait de rechuter. De retourner en arrière.

Et, à ce qu'il parait, cela reviendra tous les ans, à peu près à la même période. C'est en tout cas ce que d'autres personnes m'ont dit. Des personnes qui sont passées par là... tout comme moi. Vais-je tenir le coup? Je ne sais pas. Ça devrait. Moi qui n'ai pas le moral très haut en novembre, me voilà avec une raison de plus d'avoir mauvaise mine. Si je le pouvais, j'irais me coucher et je dormirais...... pour me réveiller en décembre lorsque tout ceci sera passé. Et que j'aurai retrouvé le Sylvain que je connais.

# Chapitre 12
## Adieu 2012

26 décembre 2012

Décembre enfin!! Et avec le mois de décembre s'est envolée ma déprime de novembre. J'ai repris du poil de la bête et ça fait du bien. Je me sens d'attaque.

Cinq jours. C'est tout ce qu'il reste à cette drôle d'année. Je dis « drôle d'année », car la censure m'empêche de dire autre chose, de dire ce que j'ai vraiment en tête. Peu importe, il ne reste que cinq petits jours et elle sera enfin terminée. Elle sera chose du passé et elle ira rejoindre toutes les précédentes. Elle a été très difficile pour moi cette année. Vraiment difficile. J'y ai connu des hauts et des bas. J'ai souffert. J'ai parfois même pensé que je n'en verrais pas la fin. Pendant les huit premiers mois de cette année, j'ai été malade. Très malade même. À cause de la dépression. J'ai été mis hors circuit par la dépression. Actuellement, je suis encore sous médication, mais mon état est stable. Est-ce que c'est parce que je prends des pilules que mon état est stable? Je ne sais pas. Et je ne veux pas courir le risque d'arrêter de les prendre. Juste au cas. Pour ce qui de mon anxiété. Ça va mieux aussi. Je fais beaucoup moins de crises de panique, de crises d'angoisse. Je suis encore anxieux, mais quelque part, je l'ai toujours été. J'ai rencontré mon médecin et celui-ci m'a même permis de commencer à baisser la dose du médicament qui contrôle l'anxiété. Alors actuellement, mon état est un peu instable, mais au moins, je m'en vais dans la bonne direction. En tout cas, ça semble être la bonne direction. Quand on commence à se sentir mieux, la première chose qui nous vient à l'esprit est la médication. Est-ce que la médication altère mon caractère?? Me rend moins sensible?? Moins capable de ressentir les choses?? Est-ce que je me suis endurci?? Est-ce que cette épreuve a fait de moi une personne insensible?? Je ne sais pas et tant que je serai sous médication je ne le saurai pas.

Heureusement, la vie nous réserve souvent de belles surprises. L'année 2012 m'aura tout de même permis de connaître l'amour, de rencontrer une femme extraordinaire. L'année 2012 m'aura aussi permis de me redécouvrir. De savoir un peu plus qui je suis. De me connaître et de redevenir moi. Le moi que j'aime. Qui n'est pas parfait, certes, mais le vrai moi. Je me suis découvert aussi un talent pour l'écriture et je commence des cours à l'université en psychologie. Je suis devenu plus humain. J'essaie de ne plus porter de jugement sur personne. De toute façon, qui suis-je moi pour juger les autres??

Pour 2013, je vous souhaite tout le bonheur et la joie que vous méritez. Mais je vous souhaite surtout de sortir de votre zone de confort. Sortez des sentiers battus. Foncez vers l'inconnu. Qui sait où cela vous mènera?? Qui sait ce que cela peut vous faire découvrir sur vous. Pour 2013, ne vous contentez pas d'exister...... vivez!!!!

# Chapitre 13
## En route vers l'avenir

7 mai 2013

Il s'est écoulé plusieurs semaines depuis mon dernier billet sur ma dépression. Pourquoi?? Peut-être parce que je n'avais pas grand-chose à en dire. Cependant, pendant toutes ces semaines, je n'ai cessé de travailler. De travailler sur moi. De faire en sorte de voir et de faire les choses autrement. D'une autre façon. J'ai découvert que le bonheur ne nous est pas donné. C'est à nous d'aller le chercher et ce, où qu'il puisse se trouver. Et une fois que nous l'avons trouvé, c'est notre devoir de l'apprécier et de faire en sorte qu'il ne nous quitte plus jamais.

Depuis quelque temps, je pose, une par une, les pièces du casse-tête de ce que sera ma vie dans les prochaines années. Comme tout le monde, j'ai des rêves. Mais aujourd'hui, je sais qu'il n'y a que moi qui puisse faire quelque chose pour que ces rêves se réalisent. Il n'y a que moi qui puisse aligner ma vie et toutes mes énergies à la réalisation de ces rêves. C'est de cette façon que les rêves se réalisent. En étant à l'affût de toutes les occasions qu'il nous est donné de nous approcher un peu plus de ces rêves. Les occasions nous sont souvent présentées sur un plateau d'argent. Seulement, parfois aveuglé par je ne sais quoi, on n'est pas en mesure de les saisir et parfois pas même en mesure de les reconnaître. Pourtant, elles sont là. Elles sont partout.

Malheureusement pour pouvoir les voir j'ai dû faire une dépression. J'ai dû descendre au plus profond de moi-même avec toute la souffrance que cela implique. J'ai dû traverser tous ces moments pénibles où moi-même je ne savais pas si je m'en sortirais. Tous ces jours et toutes ces nuits à me poser les éternelles mêmes questions dans ma tête. Tous ces jours et toutes ces nuits à tourner en rond dans la maison. Il m'aura fallu dix mois pour m'en sortir, non en fait pour redevenir fonctionnel. La dépression n'est pas comme un rhume. Un rhume, on finit par passer au travers et redevenir comme avant. Avec la dépression, on ne redevient plus comme avant. En fait, notre personne d'avant la dépression n'existe plus. Je ne vois plus les choses comme avant. Je les ressens. Je suis plus sensible aux autres. Plus à l'écoute des autres. Mais je suis aussi plus à l'écoute de ma personne. Je fais maintenant partie des gens dont je m'occupe le plus. Terminé pour moi de faire des choses qui ne me plaisent pas. Terminé pour moi d'accepter de faire des choses alors que je sais très bien que je n'ai pas le temps ni l'énergie pour le faire. Je ne suis plus au service des autres. Je leur rends service du mieux que je peux et dans la mesure où il m'est possible de le faire (temps, argent, énergie, capacité).

J'avais des rêves jadis qui se transforment maintenant tranquillement en projets. Des choses se concrétisent. Tout se met en place de la façon dont je veux que ça se fasse. Parfois, j'aimerais que tout avance plus vite. Mais tout a un rythme et il faut le respecter. Tout vient à point à qui sait attendre. À qui sait attendre, reconnaître, et saisir les occasions.

Rien n'arrive pour rien dans la vie. Oui j'ai fait une dépression. Ce n'est pas la pire chose qu'il puisse arriver dans une vie. De toute façon, la pire chose est une expression vraiment très relative. J'ai fait une dépression et c'est probablement ce qu'il me fallait pour tout reconstruire. Rafistoler sur des bases plus ou moins solides n'a pas été la solution pour moi. Il aura fallu que je jette tout par terre et que je recommence à construire. En me débarrassant de ce qui n'était plus bon pour moi. En gardant ce que je voulais garder. La dépression n'a pas eu raison de moi. Je l'ai vaincue. Et j'en suis sorti grandi, meilleur. Et honnêtement, maintenant, je considère qu'elle fut un cadeau pour moi, une délivrance.

# Chapitre 14
## Se rappeler pour ne pas retomber

29 mai 2013

Je viens de voir l'émission « Simplement vedette » qui traitait de la dépression. Quatre artistes québécois nous ont fait part de leur expérience et du combat qu'ils ont mené et qu'ils mènent encore contre cette maladie. Moi qui suis passé par là, j'imagine le courage de ces quatre personnes d'avouer leur maladie au petit écran. Les préjugés sont tenaces et ils sont difficiles à éradiquer.

J'ai été troublé, pour ne pas dire très bouleversé par cette émission. Je savais exactement de quoi ces personnes parlaient lorsqu'elles décrivaient leurs malaises, symptômes, mal de vivre, crises d'angoisse et autres. Pour les avoir vécus, je sais à quel point c'est souffrant.

Je sais qu'il est très difficile aussi que notre entourage ne comprenne pas ou ne réalise pas à quel point ce que l'on vit est grave et difficile. À quel point la détresse qui peut nous atteindre est profonde! Certains pensent qu'on exagère, certains croient qu'on peut s'en sortir facilement, certains sont tout simplement indifférents.

Pourtant, le support de notre entourage est très important. Je l'ai déjà dit et je le répète : c'est primordial pour la guérison. C'est sûr, on doit aussi y mettre du sien. Mais supporté par les autres, c'est beaucoup plus facile.

Jamais je ne serai indifférent à quelqu'un de mon entourage qui souffre de dépression majeure. Je l'aiderai et le supporterai du mieux que je peux. S'il s'aide lui-même bien sûr. Car je sais. Et le fait de savoir compte beaucoup.

Et c'est parce que je sais que je vais tout mettre en œuvre pour que cela ne m'arrive pas une deuxième fois. Voilà pourquoi ce genre d'émissions de télévision est utile pour moi. Car il me permet de me rappeler. Me rappeler pour ne pas retomber.

# Chapitre 15
## Mon plus fidèle compagnon

Il m'apparaît impossible, voire inconcevable, intolérable et même inhumain, d'écrire un livre sur ma dépression, sans parler de mon plus fidèle ami. Mon plus grand compagnon, à la vie à la mort. Mon meilleur ami. Celui avec qui j'ai une relation d'amitié, d'amour inconditionnel. Je parle ici de Wilson, mon chien, qui partage ma vie et moi la sienne depuis près de six ans. Je ne sais pas ce que j'aurais fait sans lui. Fidèle au poste et ce même au cœur de la tourmente. Qui était, et qui est encore toujours là pour moi dans les pires comme dans les meilleurs moments. Qui sacrifierait tout pour mon bien-être, sauf peut-être un bon bol de nourriture. Qui a accepté et enduré sans broncher tous mes états d'âme. Toujours disponible, toujours d'attaque, toujours prêt. Une relation sincère et très profonde me lie à cet animal de compagnie. Un animal qui a sûrement le sens de l'empathie beaucoup plus développé que bien des humains.

Pourtant, notre relation n'a pas toujours été au beau fixe. Cette petite boule de poils, issue d'un croisement entre un labrador et un husky, est arrivée dans ma vie presque comme un cheveu sur la soupe. J'ai adopté ce chien d'un collègue de travail qui lui, venait de l'adopter, mais ne pouvait plus le garder. Il avait donc sept semaines. Il était minuscule. La première fois qu'il a souillé le tapis, l'évidence m'a frappé de plein fouet. Aussi « cute » que puissent être les chiots, il n'en demeure pas moins qu'ils se changent rapidement en petites pestes qui brisent, grugent, mangent tout ce qui est à leur portée. Je ne compte plus les mauvais coups qu'il a pu faire dans son enfance canine ni le nombre de bas portés disparus ou d'objets de toutes sortes grugés ou tout simplement détruits. Bref, rien pour que cette peste se fasse aimer. Je me suis même déjà demandé ce qui avait bien pu me passer par la tête d'adopter ce chien.

Ensuite, ce fut son adolescence. Son caractère s'est développé et ce n'était rien pour aider la relation tumultueuse que j'avais avec lui. Quelqu'un de mon entourage a inventé une expression pour le décrire.

Un caractère et un cerveau de husky dominant dans un corps de labrador. Et cette expression le décrit très bien. Pas facile de montrer à ce chien à obéir à des demandes pourtant simples lorsque ça ne lui tente pas d'obéir. Bref, un entêté. Ne lui demandez pas d'aller à gauche lorsqu'il veut aller à droite. Ne lui demander pas de s'asseoir lorsqu'il veut se lever. En bref, un chien rebelle doté d'un sens de la contradiction exceptionnel. On dit dans le domaine canin une expression qui en dit long : « tel maître, tel chien ». Et bien voilà. Si ce chien me ressemble vraiment au point de vue du comportement, je ne suis pas sorti du bois!

Puis sont arrivés dans ma vie la dépression et les longs mois d'inactivité. Je savais déjà que les humains sont placés volontairement sur notre route pour apporter quelque chose dans notre vie. Et bien, il en va ainsi des animaux. C'est à partir de ce moment-là que ma relation avec Wilson a pris tout son sens. J'ai alors su ce que Wilson était venu faire dans ma vie. Je savais maintenant pourquoi il était là.

# Épilogue

LE CONSTAT

Des machines. Voilà ce que nous sommes. Des machines. Machines à produire. Machines à performer. Machines à remplir les poches des autres. Machines à travailler. Toujours plus vite. Toujours plus haut. Toujours plus fort. Nous sommes des humains dans une machine. Nous sommes programmés pour performer. Certes, il nous arrive quelques fois d'en sortir de cette machine. Pour voir ce qui se passe dehors. Pour voir le temps qu'il fait. Mais voilà, il y a les comptes à payer, l'hypothèque, la voiture, les vacances, les loisirs des enfants, le collège privé, les taxes et les impôts. Et tout ceci fait en sorte qu'on n'a pas le choix. On doit retourner dans cette machine. Pour continuer à performer, pour continuer à gagner de l'argent dans le but très évident de le dépenser. On doit réintégrer cette machine, car toutes ces choses à payer nous rendent esclaves de cette machine. Alors on y retourne. Pour continuer à produire, à performer.

Si seulement on pouvait sortir définitivement de cette machine. Si seulement on pouvait s'en débarrasser. Mais on ne peut pas. On a un train de vie et celui-ci guide nos vies et nous dicte ce qu'on doit faire. C'est lui qui décide et nous, nous obéissons. Pas le choix. Pourtant, si l'on voulait réduire un tant soit peu nos dépenses, on pourrait se débarrasser de cette machine. La jeter pour de bon. Vivre la simplicité volontaire. Mais voilà, comme on n'est pas plus con, ou plus intelligent que le voisin, alors on paye. Tout ceci est tellement pathétique.

Puis vient le jour où les sorties de cette machine se font de plus en plus rares. On ne sort pas souvent et chaque fois ce n'est que pour un court laps de temps. On ne se rend plus compte de ce qui se passe à l'extérieur de la machine. En fait, on ne veut pas s'en rendre compte. Car ça nous retourne une image de nous-mêmes qu'on ne veut pas voir. Pourtant, tout ceci est parfaitement évident. La machine nous a avalés. On n'a plus de vie. On ne vit que pour la machine. Et la machine, elle, a bien l'intention de presser le jus de l'humain qui se cache à l'intérieur d'elle-même pour de bon. Alors elle s'emballe. S'affole. Va de plus en plus vite. De plus en plus loin. Nous éloigne de ceux qu'on aime. Puis elle explose. Elle nous saute en plein visage. Nous projette sur le sol sans aucun ménagement. La machine n'existe plus. À bout de souffle, elle a explosé. Pulvérisant notre vie. Et alors, il reste quoi?? Il ne reste que l'humain. L'humain face à quoi?? Pas grand-chose. Face à lui-même. Comme elle n'existe plus, on ne peut pas réintégrer la machine. Et à partir de ce moment-là, on se rend compte de l'étendue des dommages. Une relation avec le conjoint ou la conjointe qui est pratiquement terminée, car il ne s'y passe plus grand-chose depuis des années. Des enfants qu'on n'a pas vu grandir. Une vie, que l'on n'a pas vécue. En fait, obsédés que nous étions à vouloir combler les moindres besoins et les moindres désirs de la machine, la vie a continué son cours sans qu'on s'en aperçoive. On se rend compte ensuite qu'on se retrouve devant rien. Une vie amochée, une carrière dont on ne veut plus.

Ce qui vient ensuite?? Le chaos, la chute, la tourmente, la dépression. C'est ce qui vient ensuite. La dépression. Et nous qui nous sommes toujours crus à l'abri d'une dépression, nous voici plongés dedans, au plus profond de l'abîme. Au cœur de la tourmente. Dans le tourbillon. Dans le chaos total. Notre vie devient un enfer. Et tout ceci peut nous tuer. Ou nous faire vivre toutes sortes d'émotions plus intenses les unes que les autres.

Je sais tout ça. Pourquoi?? Parce que je l'ai vécu. Seule la chronologie des événements peut avoir changé. Je ne me rappelle plus depuis longtemps ce qui est arrivé en premier. Mais je m'en fous. Complètement. Ce qui compte maintenant c'est de réintégrer la vie. C'est d'essayer de voir ce qui vient ensuite. Et ce ne sera pas une sinécure. Croyez-moi sur parole. Le constat est une chose, la suite et le retour en sont une autre.

Le mois de septembre 2013 s'achève, on en est aux derniers jours. Presque deux ans maintenant que j'ai reçu mon diagnostic. Deux ans à penser, repenser, chercher, réfléchir, travailler sur moi. Parfois, je me sens épuisé. Parfois, j'aimerais me laisser aller au gré du courant. Et juste voir où il m'amènera. Parfois, je baisserais les bras. Il y a tellement de raisons de les baisser. Tellement de raisons de ne plus les tenir très hauts. Tellement de raisons d'abandonner. Ça donne quoi tout ça? Ça nous amène où?? Quelque part? Du moins, je l'espère.

Dans les circonstances, baisser les bras serait le plan le plus facile. Le plus lâche aussi et bien que l'idée m'ait effleuré l'esprit, elle en a vite été chassée. Je suis un battant. Un guerrier. Et bien que le guerrier ait un genou à terre et le deuxième sur le point de le rejoindre, il trouvera une façon de se relever. Car je sais que la vie vaut la peine d'être vécue. Et que peu importe la force, la violence de la tempête qui nous assaille, le beau temps finit toujours par revenir. Suffit qu'on tienne le coup, qu'on s'accroche à ce qu'on peut, qu'on soit entouré de gens qu'on aime et qui nous aiment. Pas pour nous en servir comme béquilles et leur remettre sur le dos le poids de notre désespoir, mais bien pour se sentir soutenu, encouragé. Seul on n'y peut pas toujours grand-chose, mais à plusieurs… on dit que l'union fait la force.

Je me bats pour moi, mais aussi pour ma famille. Ma conjointe et mes deux filles que j'adore et qui me le rendent bien. Pour elles, ça vaut la peine de continuer. Pour elles, ça vaut la peine de ne pas baisser les bras, de ne pas abandonner. Pour elles, je me dois d'être un modèle. Je ne dois pas représenter un moins que rien. Et bien que je sois passablement affaibli par les temps qui courent, je ne suis pas un moins que rien. Je ne suis qu'une personne qui traverse des difficultés.

Mes filles ont encore besoin de moi. Quoiqu'elles pensent le contraire. Qui leur transmettra mes valeurs sinon? Loin de moi l'idée de croire que mes valeurs sont meilleures que celles des autres. Mais ce sont mes valeurs. Les mêmes que m'ont transmis mes parents. L'honnêteté, l'intégrité, le travail, aimer et aider son prochain. Jusqu'à présent, j'ai bien réussi, mais elles ne sont pas encore à l'abri de toutes les mauvaises influences qui peuvent venir faire leur chemin dans leur esprit et les entraîner loin du droit chemin. Je dois donc leur tenir très haut le flambeau de la vie afin de les amener vers la lumière. La lumière d'une vie réussie et enrichissante.

## LA SORTIE

Beaucoup de gens s'intéressent à comment je m'en suis sorti. Tout de suite, il me vient donc une chose que je veux mettre au clair. On ne s'en sort pas! On continue! On continue à vivre et on ne doit pas espérer redevenir comme celui qu'on était avant. Nous ne serons plus jamais comme avant puisque la dépression nous change. Et en ce qui me concerne, elle m'a amélioré.

Je me suis redécouvert. J'ai appris à me connaître. Mais beaucoup plus profondément qu'avant. J'ai redéfini mes préférences dans la vie. Je sais maintenant où je veux aller et ce que je veux faire du reste de ma vie.

J'ai été suffisamment touché par la dépression pour savoir que les personnes qui en souffrent ont besoin d'aide et ont besoin de savoir que quelqu'un est là pour eux. J'ai donc décidé que je donnerais du temps aux autres. À ceux qui souffrent. À ceux qui sont pauvres. À ceux qui sont malades. À ceux qui ont faim. Je suis quand même réaliste. Je ne peux pas guérir la souffrance, mais si je peux à tout le moins la soulager ne serait qu'un tout petit peu, je m'en sentirai alors très heureux et grandi.

J'ai donc choisi quelques organismes (ou plutôt est-ce celles-ci qui m'ont choisi?) qui viennent en aide directement aux personnes qui souffrent d'une manière ou d'une autre. Curieusement, faire du bénévolat m'a apporté beaucoup. Je ne sais pas même si cela ne m'apporte pas plus que ce que je donne. Des amis, de la joie, des rires, des sourires, de l'amour, du partage, de l'entraide, de la solidarité, de la générosité. Essayez donc de trouver une seule autre activité qui nous apporte tout ceci en même temps!!!

Lorsque je donne de mon temps, je me concentre sur les problèmes des autres. Les miens se sont envolés. Et cela fait beaucoup de bien. Je ne dis pas que c'est LA recette infaillible pour se sortir des symptômes de la dépression. C'est MA recette et pour MOI elle fonctionne parfaitement. À vous de trouver la bonne qui est parfaite pour vous.

La dépression a été très difficile pour moi et je ne veux plus revivre ce genre de chose dans ma vie. C'est trop difficile. Trop compliqué. Trop inhumain. Lorsqu'on est au cœur de la tourmente, s'accrocher, lutter, se battre continuellement est fatigant, voire épuisant. Malgré tout, je souhaite à beaucoup de monde d'en faire une. Une dépression. Je sais, vous trouvez cela méchant. Mais loin de moi l'idée d'être méchant. La dépression nous remet les priorités au bon endroit. Ça nous permet de faire le ménage. Et de laver à grande eau comme dit ma mère. La dépression est à la fois une alarme et un tremplin. Bien acceptée, elle peut être un tremplin vers une nouvelle vie, une vie plus sereine, différente.

Dans mon cas à moi, cela m'aura permis de me rendre compte de beaucoup de choses. Ça m'aura aussi permis de changer des choses, d'en éliminer certaines, d'en ajouter d'autres. Refaire ma vie, que dis-je, reconstruire ma vie. Ceci m'aura aussi permis de savoir ce que je veux comme machine maintenant. De la penser de A à Z et non plus de me la faire imposer. De la rendre plus attrayante, plus confortable, plus près de mes vraies valeurs. Elle aura de grandes fenêtres en tout cas. Pour voir ce qui se passe autour de moi. Cette machine sera reconstruite à partir de vieux morceaux et de morceaux plus récents. Certes, j'aurais aimé en avoir une flambant neuve. Mais si les vieux morceaux sont encore bons, il serait sûrement très sage de les garder. Et de construire autour de ces vieux morceaux.

La dépression. Est-ce que je m'en serais passé?? Probablement que oui. La dépression est souffrante. Très souffrante. Et la souffrance opère de deux façons. Soit elle brise la personnalité. Soit elle forme la personnalité. Les blessures, les maladies, la pauvreté engendrent parfois un effondrement de la personne et le désespoir. Mais souvent aussi, elles apportent force, richesse et chaleur humaine. « Bien que nul ne recherche la souffrance pour lui-même ni pour ses enfants, on peut se demander si une vie facile pave le chemin de la maturité. »

Un peu plus de maturité. Pour moi, la dépression a été un tremplin vers une plus grande maturité, une meilleure compréhension de l'être humain.

# Table des matières

www.ingramcontent.com/pod-product-compliance
Lightning Source LLC
Chambersburg PA
CBHW071111090426
42737CB00013B/2565